日本労働法学会誌113号

企業システム・企業法制の変化と労働法

日本労働法学会編
2009
法律文化社

目　次

《シンポジウム》
企業システム・企業法制の変化と労働法

《報　告》
シンポジウムの趣旨と構成……………………………石田　　眞　3
企業組織・企業法制の変化と解雇法制………………本久　洋一　7
　　──親子会社事案を中心に──
企業再編と労働法………………………………………有田　謙司　23
物言う株主時代の労働者保護法理……………………河合　　塁　40
　　──投資ファンド買収の問題を中心に──
倒産法制における労働者代表関与の意義と課題……新谷　眞人　57
企業の変化と労働法学の課題…………………………米津　孝司　72
　　──保護法益論を中心に──

《コメント》
商法・会社法学からのコメント………………………上村　達男　87

《シンポジウムの記録》
企業システム・企業法制の変化と労働法………………………………98

《回顧と展望》
いわゆる名ばかり管理職の労働時間規制の
　適用除外………………………………………………高橋　賢司　137
　　──日本マクドナルド事件・
　　　東京地判平20・1・28労判953号10頁──

男女別コース制の下での男女別賃金制度の違法性……宮崎　由佳　146
　　──兼松（男女差別）事件・
　　　東京高判平20・1・31労判959号85頁──

年俸制における評価等決定権限と
　労基法15条および89条の「趣旨」………………………緒方　桂子　155
　　──日本システム開発研究所事件・
　　　東京高判平20・4・9労判959号6頁──

偽装請負・違法派遣における労働契約の帰趨………大橋　　將　164
　　──松下プラズマディスプレイ（パスコ）事件・
　　　大阪高判平20・4・25労判960号5頁──

日本学術会議報告……………………………………………浅倉むつ子　175
日本労働法学会第116回大会記事……………………………………………　178
日本労働法学会第117回大会案内……………………………………………　183
日本労働法学会規約……………………………………………………………　185
SUMMARY ………………………………………………………………………　189

《シンポジウム》
企業システム・企業法制の変化と労働法

シンポジウムの趣旨と構成　　　　　　　　　　　　　石田　　眞
企業組織・企業法制の変化と解雇法制　　　　　　　　本久　洋一
　　——親子会社事案を中心に——
企業再編と労働法　　　　　　　　　　　　　　　　　有田　謙司
物言う株主時代の労働者保護法理　　　　　　　　　　河合　　塁
　　——投資ファンド買収の問題を中心に——
倒産法制における労働者代表関与の意義と課題　　　　新谷　眞人
企業の変化と労働法学の課題　　　　　　　　　　　　米津　孝司
　　——保護法益論を中心に——
《コメント》
商法・会社法学からのコメント　　　　　　　　　　　上村　達男

《シンポジウムの記録》

シンポジウムの趣旨と構成

石 田 　 眞

(早稲田大学)

I　はじめに

　日本労働法学会第116回大会は，2008年10月13日，東洋大学において，「企業システム・企業法制の変化と労働法」を統一テーマに開催された。私は，当日のシンポジウムの司会を山田省三会員（中央大学）とともにつとめたが，同時に，その冒頭，統一テーマに関する簡単な趣旨説明を行った。本稿は，その趣旨説明を再現するものであるが，そこでは，第1に，〈なぜ「企業システム・企業法制の変化と労働法」か〉というテーマの背景となる状況認識をお話したうえで，第2に，テーマのタイトルにある「企業システム」とか「企業法制」とうい概念を使用した含意を説明し，最後に，企業法制の側から，商法学・会社法学の上村達男教授（早稲田大学）をコメンテーターとしてお招きした趣旨も含め，シンポジウムがめざすものについてお話した。

II　なぜ「企業システム・企業法制の変化と労働法」なのか

　「企業システム」や「企業法制」の概念をひとまず置くとすると，〈なぜ「企業システム・企業法制の変化と労働法」なのか〉という点については，1990年代末から今日にかけて，企業の組織再編が猛烈なスピードで進展し，それが労働者の雇用条件や労働条件の基盤に大きな影響を与えているという状況認識がある。こうした急速で広汎な企業の組織再編の背景としては，①経済のグローバル化の下で，国内外の競争が激化し，企業結合と企業分割を様々に組み合わせる戦略的企業経営が不可避になったこと，②アメリカ型コーポレートガバナ

ンスが強調される中で，株主を出発点とし，株主の利益配当を重視する経営戦略が求められたこと，などを挙げることができる。しかし，同時に重視しなければならないのは，純粋持株会社の解禁とそれを促進するための法改正や立法的手当の進展，連結会計制度の強化など，企業の組織再編を容易にし，それを促進するための制度面での支えが構築されていったことである。法制度の整備としては，純粋持株会社，株式交換・株式移転，会社分割などに関する一連の経済法・商法の改正およびそれに続く会社法や金融商品取引法の制定などが重要である[1]。こうした制度的側面での支えなくして，これほどの企業の組織再編は起こりえなかったであろう[2]。

　問題は，こうした状況の中で，従来単一企業モデルを前提に組み立てられてきた労働法学が，労働者の運命を左右している真の支配者を的確にとらえることに多くの困難をかかえるようになってきた。それは，雇用責任や団体交渉義務も含め，労働法上の様々な責任や義務を誰が負うのかが曖昧になってきたからである。かかる困難は，さしあたり労働法学内部の問題として自覚されてきたが，企業の組織再編が企業法制の変化によって促進されてきたことからすると，それは企業法制にも関連する問題でもあった。そして，そうであるとすると，労働法学は，企業の組織再編をめぐる企業法制の動向に無関心でいることはできないし，さらにすすんで，労働法学が企業法学（商法学・会社法学など）とどのような対話ができるのかが重要な課題となってきた[3]。

Ⅲ　「企業システム」と「企業法制」

　以上が，統一テーマの背後にある状況認識と問題関心であるが，今回のシン

---

1)　神田秀樹『会社法入門』（岩波新書，2006年）23頁以下，157頁以下。
2)　筆者自身の状況認識については，これまでいくつかのところで発表したことがある。拙稿「歴史の中の『企業組織と労働法』」日本労働法学会誌97号（2001年）143頁以下，同「企業組織と労働法」季刊労働法2006号（2004年）14頁以下。なお，土田道夫「企業組織の再編と雇用関係」自由と正義50巻12号（2000年）58頁以下も参照。
3)　こうした問題を提起するものとして，上村達男「企業法と労働法の交錯」，毛塚勝利「労働法と企業」，熊谷謙一「企業法制とファンド法制――連合の取り組み」季刊・企業と法創造4巻3号（2008年）5頁以下。

ポジウムの主要な課題は，企業の組織再編をめぐる新たな状況に対して労働法学がどのように対応できるのかである。この課題を果たすにあたって，報告者グループは，こうした企業をめぐる新たな状況を〈企業システム・企業法制の変化〉ととらえた。そこで，ここでは，統一テーマのタイトルにある「企業システム」や「企業法制」といった概念について，若干の説明をしておきたい。

第1に，「企業システム」は必ずしも定まった意味内容をもつ概念ではないが，今回のテーマに「企業」ではなく「企業システム」という概念を用いたのは，それなりの理由がある。それは，従来の単一企業モデルを想起させる「企業」という狭い概念では先に述べた企業の組織再編をめぐる今日的状況に対応できないと考えたからである。そこで，「企業システム」とは何かであるが，それは，現在の企業のあり方を，法的に分断された個々の会社（法人）を単位としてとらえるのではなく，それらが有機的に結合された企業グループないしは企業間ネットワークとしてとらえる概念として使用されている[4]。

第2に，「企業法制」であるが，ここでいう企業法制とは，企業組織のあり方と運営，企業の組織再編と整理などを規定する法律群であり，企業システムの形成・展開・消滅を規制する法制度のことである。会社法，独占禁止法，金融商品取引法，各種倒産法がその典型である。こうした「企業法制」が企業の組織再編の促進を支え，今日の「企業システム」をつくり出しているといえる。

Ⅳ 本シンポジウムのめざすもの

以上のような含意をもつ「企業システム」や「企業法制」および両者の関係の「変化」については，以下の5つの報告の中で，それぞれの問題視角から展開・検討されることになる。したがって，「変化」の諸相と労働法との関連については，それらの報告の中で明らかにされることになるが，ここでは，5つの報告を通じて〈本シンポジウムのめざすもの〉という観点から趣旨をまとめ

---

[4] この点は，毛塚勝利「企業統治と労使関係システム──ステークホルダー民主主義論からの労使関係の再構築」石田眞・大塚直編『労働と環境〔早稲田大学21世紀COE叢書第6巻〕』（日本評論社，2008年）48頁参照。

シンポジウム（報告①）

ておくと，それは，使用者と労働者という二者関係を軸にした従来の労働法学の伝統的枠組みを超え，企業にかかわる多様な利害関係当事者が登場する企業法制との関連も見据えながら労働者の保護をどのように構想できるのかということである。本シンポジウムでは，そうした問題関心から，会社法制・資本市場法制の専門研究者である上村達男教授にコメントをお願いした。この機会を通じて，〈労働（者）が登場しない会社法〉と〈企業の登場しない労働法〉という従来の枠を超えて，労働法学と会社法学の間で実り多い対話ができることを願っている。

（いしだ　まこと）

企業組織・企業法制の変化と解雇法制
―― 親子会社事案を中心に ――

本 久 洋 一

(小樽商科大学)

I 問題の所在

1 対象の限定

本稿は，企業組織・企業法制の変化とくに企業結合のあり方の変容に際して，労働法制とくに解雇法制には，どのような対応が迫られているかを検討するものである[1]。本稿では，とくに子会社の解散・廃業にともなって，親会社は，子会社労働者に対して，どのような責任を負うかを取り扱う。子会社解散事案は，伝統的な労働法のテーマではあるが，本稿では，まったく新しい角度から，この問題に接近する[2]。そこで本稿では，近年の企業結合のあり方の変化と労働法の課題という理論的視角を鮮明にするために，思い切って対象を図1のようなモデル事案に限定して検討を進めることにする。

モデル事案は，純粋持株会社 Y 社が，A 社事業の廃止および A 社の解散を

---

[1] 本稿では，拙稿「親子会社と労働法――子会社の廃業・解散に際しての親会社の雇用保障義務に関する問題提起」石田眞・大塚直編『労働と環境』(日本評論社，2008年) 86頁で提示した課題のいくつかについて，一定の解決を示した。併せて参照されたい。

[2] 先行研究として，西谷敏「会社解散・解雇と法人格否認の法理」法学雑誌32巻1号 (1985年) 154頁，和田肇「労働契約における使用者概念の拡張」『現代株式会社法の課題〔北澤還暦〕』(有斐閣，1986年) 241頁，伊藤博義『雇用形態の多様化と労働法』(信山社，1996年)，萬井隆令「複数関係企業間における労働条件の決定・変更」『講座21世紀の労働法第3巻』(有斐閣，2000年) 207頁，拙稿「企業間ネットワークと雇用責任」日本労働法学会誌94号 (2004年) 45頁，道幸哲也『労使関係法における誠実と公正』(旬報社，2006年)，菅野和夫「会社解散と雇用関係」山口浩一郎古稀記念論集『友愛と法』(信山社，2007年) 129頁等。学説状況全般につき，島田陽一「企業組織再編と労働関係――労働法学の立場から」ジュリスト1326号 (2007年) 170頁等参照。

シンポジウム（報告②）

図1　モデル事案

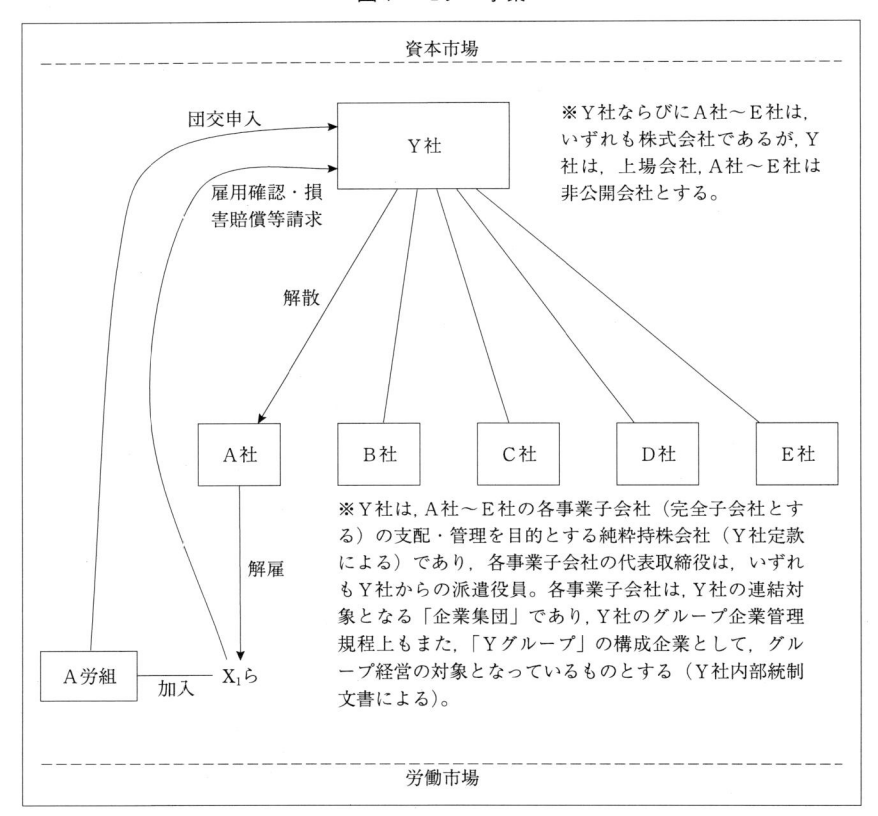

```
─────────────────── 資本市場 ───────────────────

       団交申入 ──→ ┌─────┐    ※Y社ならびにA社〜E社は，
                    │ Y社  │    いずれも株式会社であるが，Y
                    └─────┘    社は，上場会社，A社〜E社は
       雇用確認・損              非公開会社とする。
       害賠償等請求
                      │ 解散
         ┌────┬──────┼──────┬──────┐
         ↓    ↓      ↓      ↓      ↓
       ┌──┐ ┌──┐  ┌──┐  ┌──┐  ┌──┐
       │A社│ │B社│  │C社│  │D社│  │E社│
       └──┘ └──┘  └──┘  └──┘  └──┘

         │         ※Y社は，A社〜E社の各事業子会社（完全子会社とす
         │ 解雇    る）の支配・管理を目的とする純粋持株会社（Y社定款
         ↓         による）であり，各事業子会社の代表取締役は，いずれ
       ┌────┐    もY社からの派遣役員。各事業子会社は，Y社の連結対
       │A労組│    象となる「企業集団」であり，Y社のグループ企業管理
       └────┘    規程上もまた，「Yグループ」の構成企業として，グル
           加入 X₁ら ープ経営の対象となっているものとする（Y社内部統制
                      文書による）。

─────────────────── 労働市場 ───────────────────
```

【設例】

　Y社は，業績不振のA社の廃業・解散を決定。A社は，X₁らを含む全従業員の解雇を告知。

　廃業・解散・解雇の告知を受けて，X₁らは，A労組を結成・加入し，A社廃業・解散の経緯・必要性（廃業・解散の撤回），A社事業の帰趨，X₁ら従業員の雇用保障等を団交事項（要求事項）として，まずは，使用者たるA社に，団交を申し込み。

　ところが，A社の回答は，「A社廃業・解散の必要性」については，親会社（Y社）の決定によるという域を出ず，「A社事業の帰趨」については，現在Y社と協議検討中であると答えるのみであり，「従業員の雇用保障」については，所定の退職金を支払う旨のほかは，ハローワークの資料を取り寄せて提示するにとどまった。

　そこで，A労組は，親会社のY社に対して，上記団交事項について団交を申し込んだところ，「雇い主ではない」という理由に，団交を拒否された。

　A労組より，Y社を相手取って，団交拒否の不当労働行為救済申立。X₁らにより，Y社を相手取って，主位的に，Y社とA社とは実質的に同一の企業である等として，地位請求，予備的に，損害賠償請求。

決定し，A社がX₁らを含む全従業員を解雇したというものである。A社には労働組合は組織されていなかったが，解散・解雇の告知を受けて，A労組が結成され，A労組は，A社廃業・解散の経緯・必要性，従業員の雇用保障等を団交事項として，まずは使用者たるA社に団交を申し込んだ。ところが，A社の回答は，「廃業・解散の必要性」については，親会社の決定によるという域を出ず，「従業員の雇用保障」については，既定の退職金を支払う旨のほかは，ハローワークの資料を取り寄せて提示するにとどまった。A社では埒があかないので，A労組は，今度は，親会社のY社に対して，上記団交事項について団交を申し込んだところ，「雇い主ではない」という理由で，団交を拒否された。A労組は，Y社を相手取って団交拒否の不当労働行為救済申立をなし，組合員のX₁らは，Y社に対し，主位的に地位確認請求，予備的に損害賠償請求をなしたというのが事案の概要である。

この事案は，伝統的な子会社解散事案とは，次の点で異なる。第1に，本件解散は業績不振の子会社の整理という純粋に経済的な目的によるものであって，組合壊滅を目的とするものではないこと。第2に，Yグループとして，A社事業からの撤退を決定したもので，A社事業が，他の子会社で継続するわけではないこと。第3に，A社における賃金債務の清算には問題ないこと。第4に，Y社が純粋持株会社であって，事業子会社との企業の同一性を主張することが困難であることである。

このようにモデル事案を設定したのは，伝統的な子会社解散事案との違いを明確にするためである。連結財務諸表の導入を契機として，企業結合のあり方は，従前とは大きく変化した。

伝統的な子会社解散事案で問題となったのは，親会社が子会社をいくつもぶら下げておいて，子会社への赤字・負債の「飛ばし」によって粉飾決算を行ったり，こうした不正な親子会社間取引を背景にした子会社つぶしを通しての組合つぶしであった。[3]

---

3) こうした問題状況への法的対応に関する包括的研究として，江頭憲治郎『会社法人格否認の法理』（東京大学出版会，1980年）および同『結合企業法の立法と解釈』（有斐閣，1995年）参照。

これに対して，連結財務諸表の導入後，親子会社が「企業集団」として資本市場から評価される現在では，不採算事業からの撤退・子会社の数を減らすことは，資本市場の要請を受けた「選択と集中」として好評価されることもあり，経済的理由による廃業・解散が日常化している。A 社の解散・廃業は，Y グループによる「選択と集中」政策の帰結ということである。

2　裁判例・命令例の現段階

ところが，モデル事案は，現在の労働法制・法理では，適切な解決が困難である。

まず設例における X_1 の請求から見ると，親会社への雇用確認請求，損害賠償請求いずれも，現在の法理法制の下では困難である。法人格否認の法理，黙示的労働契約成立の法理，事業譲渡の法理，損害賠償の法理（労働法バージョン），損害賠償の法理（商法バージョン），いずれも，モデル事案では，X_1 らの主張を支えることは無理に近い[4]。

つぎに，A 労組に対する親会社 Y の団交応諾義務の問題である。この論点

---

4)　濫用による法人格否認の法理の適用に関し，純粋持株会社たる Y 社と事業子会社たる A 社との間には，そもそも事業組織上の同一性が認められず（支配の要件），本件解散について，違法目的は認められない（目的の要件）こと。黙示的労働契約成立の法理に関し，YA 間に事業組織上の同一性なく，Y と X_1 らとの間に労働関係（使用関係）がないこと（拙稿・前掲注 2）参照）。事業譲渡にともなう労働契約承継の法理に関し，A 社事業は Y グループでは廃業し，Y が A 社事業を引き受けるわけではないこと（拙稿「企業組織再編に伴う労働法の諸問題」季刊労働者の権利278号〔2009年〕8 頁参照）。損害賠償の法理（労働法バージョン）に関し，本件解散に違法目的が認められない以上，Y の廃業・解散行為をもって X_1 らの労働契約に対する侵害行為と構成することはできないこと（第一交通産業事件・大阪地堺支判平18・5・31判例タイムズ1252号223頁参照）。損害賠償の法理（商法）に関し，そもそも不採算の事業子会社の解散・廃業を決定することは，親会社（取締役）による子会社（取締役）に対する「不当経営」であるとか，「不利益指図」等とはいえないし，本件では本件廃業・解散によって，A 社に特別な損害が生じたわけではなく，X_1 らに賃金の未払い等の損害が発生したわけでもないこと（子会社債権者保護法理については，江頭・前掲注 3 ）両書のほか，大隅健一郎『商事法研究・下』〔有斐閣，1993年〕103頁，柴田和史「子会社管理における親会社の責任」別冊商事法務206号〔1998年〕105頁，江頭憲治郎「企業結合における支配企業の責任」味村最高裁判事退官記念論集『商法と商業登記』〔商事法務，1998年〕69頁，前田重行「持株会社の子会社支配と持株会社の責任 1 ，2 」法曹時報58巻 3 号797頁，同巻 5 号1549頁〔2006年〕等参照）。

については，子会社解散事案において，親会社の団交応諾義務を肯定することが多い労働委員会命令と否定例が多い裁判例との間に顕著な対立があることは，周知の通りである[5]。こうした裁判例の傾向については，元請け企業と下請け労働者との間に労働関係が認められる構内下請事案について形成された朝日放送事件・最高裁判決を子会社解散事案にあてはめることの弊が指摘されている[6]。私見では，子会社解散事案については，親会社はまさに子会社労働者の雇用およびその支持基盤である事業に対して，決定的影響力を及ぼしているわけであるから，解釈論上，子会社解散・廃業の経緯・必要性，子会社労働者の雇用の帰趨といった一定の団交事項については，親会社の団交応諾義務を認めるべきであると考える[7]。但し，労組法7条2号の文言との懸隔を考えると，立法による解決が望ましいことはいうまでもない。

　実は，本稿で問題にしたいのは，その先の問題である[8]。解釈論上あるいは立法論上，特定の団交事項について親会社の団交応諾義務が認められるとしても，実質的に，どんな意味があるのか。モデル事案において，例えば，団交事項「解散・廃業の必要性」については，IR（投資家向け広報）を超える情報がなければ，不誠実団交といえるだろうか。団交権は情報権を含むとしても，団交権を設定したからといって，親会社に特段の説明義務が生じるわけではない。子会社労働者に対する説明義務を実質的なものとするためには，別個，規範的根拠が必要である。また，団交事項「従業員の雇用保障」について，雇用管理は各事業子会社なり，総務担当子会社に任せてあるとの回答が，果たして，不誠実といえるだろうか。当該グループの組織原理にもかかわらず，親会社に一定

---

5)　裁判例・命令例・学説の状況に関しては，道幸哲也「親会社の団交応諾義務」季刊労働法216号（2007年）165頁，同「企業組織再編と労使関係法」石田眞・大塚直編『労働と環境』（日本評論社，2008年）103頁参照。
6)　宮里邦雄「投資ファンドによる企業買収と投資ファンドの使用者性について」労働法律旬報1631号（2006年）6頁等参照。反対，純粋持株会社解禁に伴う労使関係専門家会議「報告書」労働法律旬報1404号（1997年）51頁等。
7)　萬井・前掲注2)論文216頁における「労働条件を根底的に左右する権能」論および高見澤事件・長野県労委命令平17年3月31日判時887号94頁における「基盤的労働条件を支配する立場」論による親会社の使用者性に関する解釈を支持したい。
8)　この点に関しては，拙稿・前掲注1)88頁以下に詳述した。

の作為を求めるためには，やはり，相応の規範的根拠が必要である。親会社への団交権についてはまた，争議権や労働協約の規範的効力制度といった履行確保手段を欠いていることを考慮すべきだろう。

3 基本的な視角の提示

以上のようにして，モデル事案については，現行法制・一般私法による解決は困難であり，当事者の自治的規制による解決もまた困難である。企業実務の実態は様々であるし，団体交渉による解決は，今まさに，明確で実効性あるルールが必要とされている。現行法でも，当事者による自治的規制でも解決が困難ということになると，「法的」対応が必要だということになる。では，どのような「法」が必要か。その「法」の規範的根拠は何かというのが，本稿の基本的な問題関心である。

モデル事案のような経済的理由による子会社解散事案について，親子会社の実質的同一性を規範的根拠として，親会社へ雇用を求めるという行き方は，解釈論上，適当ではないし，立法論としても，無理だと考える。

そこで，本稿では，親子会社の実質的「同一性」ではなく，親子会社間の「関係」を規範的根拠として，子会社従業員の雇用に関し，子会社のみならず親会社に対しても一定の「作為義務」を一般的に課する法理・法制を検討するという視角を採用することにする。現在の企業組織・企業法制の変化に対応するためには，法的議論は，組合差別等の特段の違法原因を規範的根拠とする例外的救済の技巧的工夫の段階から，解散・廃業にあたっての親会社・子会社（雇い主）の行為規範を一般的に策定し，設定する段階に移行すべきであるというのが本稿の基本的な考え方である。

II 使用者の行為規範

1 企業組織・企業法制の変化と解雇法制

それでは，本件解雇に際して，A社は何をなすべきか。その根拠は何か。解雇については，解散にともなうものであっても，解雇権濫用法理が適用され

るので，この場合の濫用性の基準は何かということがまずは問題になる。

まず指摘できることは，本件解雇は，いわゆる整理解雇の4要件では対応できないということである。

4要件は，部門閉鎖事案を契機として，形成されたものである[9]。モデルとなっているのは，一法人が複数の事業部門（A部門，B部門，C部門……）を包含する事業会社である。配転可能性を中核とする解雇回避努力義務要件は，A部門が閉鎖されても，B部門，C部門……における雇用維持が理論的に可能である企業組織の形態には適合的なルールであるということができる。

これに対して，分社化・外部化の進展により，現在の企業組織のあり方は，かつてのような複数の事業部門を同じ法人が抱え込む形態ではなく，持株会社に，複数の事業子会社（A社，B社，C社……）がぶら下がる形態をとることが，むしろ一般的となっている。すなわち，かつての部門閉鎖は，今日では，子会社の解散・廃業として表れる。しかし，解散・廃業事案について，整理解雇の4要件の不適合は明らかである。第1要件から第3要件まで，解散を理由とする解雇では，簡単に充足してしまうし，肝心の第4要件も，第1要件ないし第3要件を原理的に満たす以上，形式的な説明・協議で問題ないということになりかねない[10]。

2 解散・廃業に際しての解雇権濫用性の判断基準の形成（裁判例の現段階）

他方，最近の裁判例には，解散・廃業に際しての解雇の類型的特質に相応した濫用性判断基準の形成への動きが見られる。解散・廃業を理由とする解雇について，裁判例は，解雇権濫用法理の適用そのものを否定する例は見あたらないが，解散・廃業の真実性からストレートに濫用なしとの結論を導き出す例と[11]，

---

9) 東洋酸素事件・東京高判昭54・10・29労判330号71頁参照。この事件の時代背景については，神林龍編著『解雇規制の法と経済』（日本評論社，2008年）53頁以下参照。
10) 第1要件（剰員整理の必要性）に関し，親会社による解散・廃業の決定が真実であって，グループ他社における事業継続等がないこと，第2要件（解雇回避努力義務）に関し，使用者の全部解散・廃業であって，原使用者における雇用維持可能性がないこと。この点，京都エステート事件・京都地判平15・6・30労判857号26頁のように，グループ他社における雇用継続を検討しなかった点を解雇回避努力義務の懈怠ととらえる裁判例はまれである。第3要件に関し，廃業・解散にともなう全員解雇である以上，人選の問題は通常生じないこと。

4要件を参考に，独自の要件形成を志向する例[12]とに分かれていた。その意味で，三陸ハーネス事件仙台地裁決定（平17・12・15労判915号152頁）は，解散・廃業の事案にともなう経済的理由による解雇事案について，4要件を参考に，明確かつ実用性の高い濫用性の判断基準を説示している点で，注目すべきである。

判旨はこうである。「使用者がその事業を廃止することが合理的でやむを得ない措置とはいえず，又は，労働組合又は労働者に対して解雇の必要性・合理性について納得を得るための説明等を行う努力を果たしたか，解雇に当たって労働者に再就職等の準備を行うだけの時間的余裕を与えたか，予想される労働者の収入減に対し経済的な手当を行うなどその生活維持に対して配慮する措置をとったか，他社への就職を希望する労働者に対しその就職活動を援助する措置をとったか等の諸点に照らして解雇の手続が妥当であったといえない場合には，当該解雇は解雇権の濫用として無効である」。

この裁判例は，先端例にすぎず，判例として確立しているわけではないが，解散・廃業に際しての使用者の行為規範という課題に関し，理論的示唆は大きいものと考える[13]。

3 解散・廃業にともなう解雇の濫用性判断基準の理論的含意

三陸ハーネス事件仙台地裁決定については，まず解散・廃業にともなう解雇という類型について，独自の濫用性の判断基準を形成することは解雇権濫用法理の枠内において可能であるし，望ましいということができる。つぎに，この裁判例では，解雇権濫用法理が含んでいた権利義務規範（解雇できるかできないか）の部分と，行為規範（解雇に際して何をなすべきか）の部分が，きれいに分離し，「行為規範」の部分が前面に出ている。また，行為規範のなかでも，社会政策的規制と親和性をもつ，「労働者の納得を得る努力〔説明・協議〕」およ

---

11) 東北造船事件・仙台地決昭63・7・1労判526号38頁，大森陸運ほか2社事件・大阪高判平15・11・13労判886号75頁。
12) グリン製菓事件・大阪地決平10・7・7労判747号50頁。
13) 拙稿「事業閉鎖・解散に伴う解雇の有効性」法学セミナー51巻8号（2006年）117頁参照。菅野・前掲注2）論文137頁は，「手続的配慮を……要件化する『解散による解雇限定規制説』は，妥当な考え方として賛成したい」とされる。

び「解雇にともなう不利益の緩和措置等〔訓練休暇，補償金の給付，再就職あっせん等〕」の部分が前面に出ている。

このように，この裁判例では，濫用性の判断基準というかたちで，解雇の手続的規制が，いわば自立して，無効によってサンクションされるという構造をとっている。これは，解雇権濫用法理の枠内でのぎりぎりのところ，進化の限界とさえいえる形態なのかもしれない。

4　解散・廃業に際しての使用者の行為規範の問題点

しかし，モデル事案に照らすと，わが国先端例によって示唆される使用者の行為規範という制度には，限界のあることがわかる。

まず，理論的には，手続的規制は，濫用規制という事後的例外的救済法理の枠組みには，なじまないので，立法化が望ましいということができる。しかし，モデル事案との関係でより問題であるのは，無効のサンクションの現実性である。清算過程に入り，消滅する会社を相手取って，地位確認請求することは，現実性を欠く場合が多いだろう。当事者消滅による契約終了をまつというかたちでのモラル・ハザードすら考えられる。行為義務の懈怠には，損害賠償構成がなじむということができる。[14]

この問題は，サンクションの選択の問題にとどまるものではない。モデル事案について，使用者の行為規範という制度がうまくあてはまらないのは，モデル事案では，解散・廃業・解雇の実質的な決定主体はY社であるのに，解散・廃業・解雇の意思主体はA社であるという具合に，使用者機能が分裂しているからである。[15] こうした場合，労働契約当事者たる使用者のみが行為規範を課されるという制度では，どうしても不具合が生じる。

---

[14]　手続的規制に対する民事的制裁としては，違反態様にもよるが，労働者の雇用継続の利益（逸失利益）の損害賠償を考えている。誠実協議義務違反について逸失利益の損害賠償を認めた裁判例として，大阪初芝学園（幼稚園教諭・賃金合意）事件・大阪高判平19・9・27労判954号50頁。この事件については，拙稿「賃金カット合意の再協議義務」法学セミナー53巻10号（2008年）127頁参照。

[15]　使用者機能の分裂については，拙稿「企業組織の変動と使用者概念」労働法律旬報1615・16号（2006年）89頁参照。

シンポジウム（報告②）

　例えば、解散・廃業に関する説明協議の義務を使用者に課しても、A社解散は、Yグループの経営判断である以上、A社としては親会社の決定だという以上の情報をもたない場合がある。また、従業員の雇用保障に関しても、例えば、Yグループ傘下のB社、C社、D社等における再雇用可能性について、A社が十分に情報をもっていないこともありえるし、当面の生活保障についても、十分な資力がない場合がある。また、以上のような手続は、A社が清算・消滅過程に入った場合には、ほとんど現実性を欠くことになる。

　最近の事件の背景には、このように、親子会社における使用者機能の分裂を背景にして、使用者が用をなさない実態があるわけである。この場合、労働者は、子会社と親会社との間に、いわば宙づりにされてしまう。使用者の行為規範について、子会社に担当能力なく、親会社に当事者意識がないという事態である。モデル事案がまさにこれにあたる。

　しかし、解雇制限法を行為規範としてとらえる考え方を敷衍していくと、理論的には、行為規範としての解雇制限法については、適用対象を労働契約当事者たる使用者に限定すべき必然性はない。モデル事案のような場合については、親会社もまた、行為規範の担い手となるべきと考える。

Ⅲ　親会社の行為規範

1　親会社の行為義務の内容

　それでは、モデル事案において親会社たるY社は何をなすべきか、その根拠は何か。まず、親会社の行為義務の内容であるが、この点は、解釈論と立法論とをはっきりと分けて論じることにする。

　まず、解釈論であるが、前述の通り、モデル事案のような場合において、Y社が解散・廃業の実質的主体として、子会社労働者に対して、解散・廃業の経緯を説明し、疑義については誠実に協議する義務を負うことは、企業再編の統括者（基盤的労働条件の支配決定者）としての説明責任の観点から、肯定される[16]

---

16)　説明責任の観点からの親会社の団交義務の基礎付けとして、道幸・前掲注5）両論文参照。

べきである。この説明責任の実効性確保の方法として，最も有力であるのは，団交権行使による協議である。子会社解散事案において，親会社はまさに「基盤的労働条件を実質的に支配決定する主体」であるわけであるから，この場合の団交権の存在もまた肯定されるべきと考える。

　問題は，前述の通り，せっかくの親会社への団交権も，とくに，子会社労働者の雇用の帰趨に関する協議については，現在の法状況の下では，アリバイ協議に終わってしまう可能性があることである。説明責任ということだけからは，子会社労働者の雇用の帰趨に配慮すべき義務までは，出てこない。子会社労働者の雇用の帰趨等に関する実質的な協議・交渉を行わせるためには，この点に関し，親会社に何らかの行為義務を設定することが必要になる。

　そこで，この点は，立法論として立てざるをえないが，子会社の解散・廃業に際しては，親会社に対し，子会社労働者の雇用の帰趨について，子会社の行為義務（すなわち前述の使用者の行為規範）の履行支援体制を構築し，子会社による履行を支援・監視する責任を課すことが適当であると考える。私なりの案は，こうである。

① 親会社に対して，子会社（使用者）の行為義務の履行を支援し監視するという行為義務を課す。
② 親会社の行為義務の履行を監視し，場合によっては催促するために，労働者・労働組合は，親会社に対して，協議・交渉権をもつ。
③ 子会社の行為義務の懈怠によって労働者の雇用上の利益が侵害された場合，労働者は，使用者たる子会社のみならず，親会社をも相手取って，損害賠償請求できる。
④ 但し，親会社が，子会社（使用者）の行為義務の履行支援体制を構築・実施する義務に怠りないことを主張立証した場合には，免責される。
⑤ 使用者の行為義務の履行支援体制とは，例えば，子会社労働者に対する再就職支援，補償金給付等に関し，親会社もまた，情報・資金の拠出を負担すること，再就職支援センターを設置すること等である。各子会社の履行体制がしっかりしていれば，親会社のなすべきことは，各子会社における労働法の履行状況の監視にとどまることになる。

2 親会社の行為義務の規範的根拠

(1) 基本的視点

さて,親会社に対して,子会社労働者の雇用の帰趨について,一定の労働法上の責任を負わせるという立法論については,その実現可能性もさることながら,その規範的根拠について,乗り越えるべき論点が多い。そこで最後に,親会社は,子会社労働者と労働関係にないのにもかかわらず,なぜ一定の労働法上の責任を負担しなければならないのかという点について,モデル事案を念頭に,検討する。

最大の課題は,Y社は,A社の株式所有を通して,事実上の支配力を行使しているにすぎない以上,故意に労働者の雇用上の利益を侵害した等の特別の違法原因がない限り,労働関係にはない労働者に対しては,何らの責任も負わないのではないか,ということである。子会社労働者に対する労働法上の責任を親会社に負わせることは,有限責任制度の趣旨に反しないかが問題になる。

また,労働法の履行責任を担えるだけの情報・資金が子会社にないことや,かつての部門閉鎖を現在では子会社解散という形式で実現できることについては,親子会社,さらには,純粋持株会社といった法制度それ自体が,危険分散というかたちで,労働法上の責任の遮断を認めているのだという反論も考えられるだろう。この点も検討の必要がある。

(2) 廃業・解散・解雇の主体としての親会社（廃業・解散行為にともなう配慮義務）

まず,労働法的な考え方からはつぎのようにいえる。モデル事案のような場合には,親会社こそ,廃業・解散・解雇の実質的な決定・実行主体であって,廃業・解散・解雇の現実的帰結を配慮し緩和する行為義務を課することが,最も実効性のある法政策だ,と。これは,子会社解散事案における,廃業・解散・解雇の主体の分裂（決定主体と意思主体）を正面からとらえて,使用者の複数性という観点から,労働法的規制の実質化をはかろうとするものである。しかし,この視点では,有限責任制度や危険分散のメリット等からの議論には,有効に反論できない。

したがって,企業統治論的観点[17]からの考察が必要不可欠であると考える。

(3) （純粋）持会株社制度とステークホルダーとしての労働者

(a) ステークホルダーとしての労働者の位置づけ

企業統治論的考察の出発点となるのが，ステークホルダーとしての労働者の位置づけである。一般債権者と労働者とどこが違うかということであるが，まずは，債権者は現在の責任財産に貼り付くのに対して，労働者は，生きて継続する事業に貼り付いているということができる。労働者にとって弁済は最低限の事項であって，問題は，自己の雇用の存続である。すなわち，賃金を清算したから，損害なしとはいえない。事業・雇用の継続に対する期待・信頼は，労働者の生活の維持と密接に結びついているという意味で，保護されるべき利益である。

また，そもそも企業が経済的実体のみならず，社会的実体を有するに至るのは，社員（株主）というよりも，従業員（労働者）の企業組織に統合された労働によるものである。したがって，わが国の労働者の「社員」意識，企業利益との一体化の意識も，あながち幻想というだけではなく，成員権の観点からの保護の契機を含んでいる。[18]

以上のようにして，ステークホルダーとしての労働者は，生きて継続する事業が利益を生み続けることについて，人格権的利益をもつ，極めて特殊な契約債権者ということができる。この点が企業統治論的考察の出発点となるものと考える。

(b) グループ（親会社）と子会社（労働者）との利益相反

企業統治論的に見た場合，まず，モデル事案では，親会社が子会社廃業・解散を決定したのは，不採算部門を継続することによって，グループ全体が，資本市場から否定的評価を受けるためであって，グループの利益のために，子会社の事業存続の機会・利益が犠牲になっている構造が浮かび上がる。両者は一種の利益相反状況にあるわけである。ところで，この廃業によって最も深刻な被害を被るのは，労働者である。したがって，廃業・解散に際して労働者の雇

---

[17] 毛塚勝利「労働法と企業」企業と法創造4巻3号（2008年）14頁，同「企業統治と労使関係システム」石田眞・大塚直編『労働と環境』（日本評論社，2008年）47頁参照。

[18] 石田眞「企業組織と労働法」季刊労働法206号（2006年）16頁参照。

用の帰趨に配慮する義務を親会社に課することが衡平にかなう。

(c) 有限責任制度と労働法

有限責任制度・危険分散のメリットに関しては，つぎのようにいうことができるだろう。基本的な視点は，有限責任制度によって実現する社会的利益と労働者の人格権の利益との，どちらか一方の完全な優越ではなく，調整の観点が重要だということである[19]。

実は，そもそも有限責任制度それ自体が，事業上の危険を労働者を含む債権者に転嫁することを本質的要素としている。というのは，事業上の危険については出資の限度でしか責任を負わないとする制度の下でこそ広く出資者を募ることができるからであって，有限責任制度は，資本市場による事業資金の獲得という社会的利益を，債権者への危険転嫁の帰結に，優先させたものということができる。

しかし，モデル事案のような企業結合では，そもそもA社は非公開の完全子会社なので，有限責任制度の政策目的に照らしても，労働法上の責任の遮断は許されるべきではない。モデル事案に限らず，労働関係に関する子会社解散事案の多くは，閉鎖会社に関するものである。

他方，これには，つぎのような反論が予想される。有限責任制度は，無限責任制度の下では慎重にならざるをえないような，危険事業における起業を可能にするという社会的利益が認められるというものである。とくに，モデル事案のような完全子会社の場合には，危険分散を背景にした起業の可能性という側面が前面に出る。事業部門制では慎重にならざるをえないような分野であっても，事業子会社であれば，進出できるということである。

しかし，これについても，まさに起業の危険性が現実化した廃業・解散の事態にあたって，当該事業に自己の生活の手段を委ねた労働者の雇用の帰趨について，親会社は配慮すべきであると考える。

---

19) 有限責任制度については，田中誠二「企業の社会的役割と企業についての有限責任の根拠」民商法雑誌96巻5号（1987年）601頁，関俊彦「株主有限責任制度の未来像」旬刊商事法務1402号（1995年）25頁，吉原和志「株主有限責任の原則」法学教室194号（1996年）16頁，向井貴子「株主有限責任のモラル・ハザード問題と非任意債権者の保護」九大法学91号（2005年）337頁等参照。

(d) グループ性（外部と内部への表示。経済的一体性）と中核企業としての責任（グループ経営責任）

最後に、この点は、今後の課題にわたるが、企業集団の観点からもまた、子会社における労働法の履行体制の保障を親会社が行うべき契機が認められると考えている。グループ経営責任という考え方である[20]。

企業集団という概念が法の世界に表れる決定的契機となったのが、連結財務諸表の導入である。「連結財務諸表原則」によると、モデル事案におけるYグループは、「単一の組織体」たる「企業集団」と把握される[21]。さらに、金商法および会社法によって、上場会社には、いわゆる「全社的内部統制」として、「企業集団における業務の適正を確保するための体制」の資本市場あるいは一般社会に向けての情報開示が義務づけられている[22]。

このように、現在の企業法制の大きな特徴は、資本市場を意識した「企業集団」としての情報開示が、法律によって整備され、同時に、企業結合法制の必要性が大きく意識されているところにある。この点、上村達男教授ご主唱にかかる公開会社法案が有力に提起されているところである[23]。現在の法状況では、資本市場に対するグループ経営責任の表示が先行し、実体的な企業結合法制が追いついていないということかもしれない。

---

20) 前掲注4）掲記の諸論文のほか、斉藤真紀「子会社の管理と親会社の責任1～5」法学論叢149巻1号1頁、3号1頁、5号1頁、150巻3号1頁（2001年）、150巻5号（2002年）、舩津浩司「『グループ経営』の義務と責任1～5」法学協会雑誌125巻2号225頁、3号614頁、4号785頁、5号1052頁、8号1802頁（2008年）等参照。
21) 「連結財務諸表は、支配従属関係にある二以上の会社（会社に準ずる被支配事業体を含む。以下同じ。）からなる企業集団を単一の組織体とみなして、親会社が当該企業集団の財政状態及び経営成績を総合的に報告するために作成するもの」（連結財務諸表原則〔平成9年6月6日、企業会計審議会〕）。
22) 会社法362条4項6号、会社法施行規則100条1項5号（「当該株式会社並びにその親会社及び子会社から成る企業集団における業務の適正を確保するための体制」）、金商法24条の4の4等。全社的内部統制については、小林秀之編『内部統制と取締役の責任』（学陽書房、2007年）高橋均編著『企業集団の内部統制』（学陽書房、2008年）参照。法的論点につき、神田秀樹「新会社法と内部統制のあり方」旬刊商事法務1766号（2006年）35頁、山本一範「企業集団における内部統制とそのあり方」月刊監査役523号（2007年）36頁等参照。
23) 日本取締役協会「公開会社法要綱案第11案」企業法制と法創造3巻4号（2007年）187頁、上村達男「公開会社法要綱案とは何か」企業法制と法創造4巻3号（2008年）126頁参照。

シンポジウム（報告②）

　以上のように，企業組織・企業法制の変化から，「企業集団」の存在が法的に画定されつつある。しかし，グループ経営責任の法定には至っていないのが現在のわが国の法状況ではないかと考える。本稿の主旨をひとことでいうと，現在，法律学全体のテーマとなっている企業結合法制の構築という課題に[24]，労働法学もまた積極的に参画すべきであるということだ。本稿が，このテーマについて問題提起の意義をもつことができれば，幸いである。

　　　　　　　　　　　　　　　　　　　　　　　　（もとひさ　よういち）

---

24)　特集「企業結合法の総合的研究」旬刊商事法務1832号6頁（2008年），特集「日本私法学会シンポジウム資料　企業結合法の総合的研究」旬刊商事法務1841号（2008年）4頁等参照。

企業再編と労働法

有 田 謙 司

(専修大学)

I　はじめに

　経済のグローバル化やIT技術の進化等により，企業間の競争は激化し，企業経営にスピードと柔軟性が求められるようになっている。企業は，その生き残りをかけ，成長性や収益性の高い事業に経営資源を集中して競争力を向上させようと，様々な手法による企業再編を行っている。企業再編には，外部資源を活用する事業再編とグループ内の体制を見直す組織再編とに大別できるが，これらは，①事業の統合，②事業の分離，③事業の共同化，④グループ内の組織再編にさらに分類することができるとされている。このような事業再編とグループ内の組織再編が，事業の選択と集中を進め，中核事業を強化し，企業価値を高めることを目的として行われるのである[1]。

　こうした企業による企業再編の要請に応じるため，独禁法改正，商法改正と会社法制定，法人税法改正といった企業再編法制の整備がなされてきた。とりわけ，会社法の制定によって，事業（営業）譲渡，合併，会社分割，株式交換・株式移転といった組織再編についての略式組織再編と簡易組織再編の整備・創設，吸収合併・吸収分割・株式交換の際の対価の柔軟化がなされ，企業再編はより一層容易に行いうるものとされた。

　しかし，このような企業再編法制の整備により企業再編が促進され，頻繁に行われるようになるとき，労働者の雇用の安定が脅かされるものとなるにもかかわらず，それに伴う労働者保護のための法制の整備は十分にはなされなかっ

---

1)　みずほ総合研究所社会・経営調査部『企業再編の実務〔第2版〕』（東洋経済新報社，2003年）9-10頁，13-65頁。

た。会社分割に関してのみ，平成12年商法改正附則（平成12年5月31日法律第90号）5条と会社分割に伴う労働契約の承継等に関する法律（平成12年5月31日法律第103号。以下，「労働契約承継法」と略す）が，制定されただけである。

このような状況において，企業再編を促進する会社法制上のルールと労働法上のルールの調整が必要となっている。本稿は，こうした視点から，現行法制上の問題点を検討し，立法の必要性と考えられる立法論を提示するものである。

II 企業再編と法制の整備

1 企業再編

企業再編に関する実務を解説したものによれば，企業再編は前述のような4つのものに類別することができる。[2]

(1) 事業の統合

事業の統合は，既存事業の強化や新規事業への進出を目的として，企業がグループ外企業と事業を統合し，あるいはグループ外企業から事業を取得するものである。その手法としては，合併，株式取得による経営支配，事業譲渡，株式交換・株式移転を利用した共同持株会社設立や完全子会社化，会社分割が利用される。

(2) 事業の分離

事業の分離は，グループの中核事業とシナジー効果のない事業や不採算事業を分離してグループの効率性を高めることや，収益性の低い事業等を分離してその事業を他社との統合を含めてより効率的な事業形態に再編すること，およびこの両方を目的として行われる。事業分離には，会社分割を用いた中核会社事業の分離，MBO（子会社経営者・事業部門責任者・外部の投資家によって構成されるグループが株式の買い取りや事業譲渡により経営権を取得する）を用いた子会社の分離，事業譲渡・現物出資や会社分割を用いたグループ外企業との統合による中核会社事業の分離，株式売却，吸収合併や株式交換を用いた子会社の分離

---

2) みずほ総合研究所社会・経営調査部・前掲注1)書25-86頁を参照。

がある。なお，組織の分離を伴わない業務の分離（アウトソーシング）も多く用いられるようになっている。

(3) 事業の共同化

異なる企業グループに属する複数の企業が，経営の主体性を維持しながら共同で事業を行う事業の共同化は，共同化によるコスト削減や供給能力の調整，スケールメリットの追求などを目的として行われる。事業の共同化は，業務提携，資本提携，事業譲渡や現物出資あるいは共同新設分割を用いた合弁会社設立によって行われる。

(4) グループ内の組織再編

グループ内の組織再編の中で最も多く用いられるのは，分社化と純粋持株会社化である。分社化は，事業の効率化，リスクの遮断，意思決定の迅速化，各事業に最適な内部制度の採用を目的として行われる。純粋持株会社化は，これらの目的に加えて，持株会社によるグループ全体の戦略的マネジメント機能の発揮，資源配分の適正化，柔軟な事業再構築の可能性を目的として行われる。これらのグループ内の組織再編には，分社型新設分割，分社型吸収分割，事業譲渡等が用いられる。また，そうした手法を用いて，子会社間や親子会社間での事業分野調整も行われる。

2 企業再編法制の整備

以上のように多様な企業再編を企業が行い易くするように，企業再編法制の整備がなされてきた。

まず，平成9（1997）年に，独占禁止法の改正が行われ，純粋持株会社の解禁がなされた。また，同年の商法改正により，簡易な合併手続の制度が創設され，平成11（1999）年の商法改正では，持株会社の設立を容易にするための制度としての株式交換および株式移転制度の導入がなされた。平成12（2000）年の商法改正は，会社分割制度の創設と簡易な営業譲渡手続の整備を行った。

そして，平成17（2005）年の会社法の制定は，企業再編ルールのさらなる緩和をもたらした。具体的には，対価の柔軟化（吸収合併・749条1項2号，751条1項3号，吸収分割・758条4号，760条5号，株式交換・768条1項2項，770条1項3

号，新設合併・753条1項6号，8号，新設分割・763条1項6号，8号），組織再編行為の手続の並行的な進行（776条1項等，785条5項等，750条6項等，922条等，806条3項等），簡易組織再編の要件の緩和（796条3項，784条3項，805条），吸収型再編についての略式再編の導入（784条1項，796条1項），事業の全部または重要な一部の譲渡，他の会社の事業の全部の譲受け，事業の全部の賃貸等についての略式手続（468条1項），会社分割対象の「事業に関して有する権利義務の全部または一部」への変更（2条29号・30号），会社分割の実体的要件からの「債務の履行の見込みがあること」の削除といったものが，行われた。

これらの法整備がなされたことにより，とりわけ，会社法の制定により，企業再編ルールは一層緩和され，企業再編を促進するものとなった。さらにいえば，会社分割における実体要件の変更にみられるように，雇用と結びついた「事業」が個々の権利義務に分解・解体され，事業をより一層切り売りし易くするものとされて，雇用を著しく不安定なものにする状況を出現させるに至ったといえよう。

Ⅲ　現行法制下における問題状況

そこで次に，現行法制下における企業再編，合併，会社分割，事業譲渡の労働法上の問題状況について，概観することとしたい。

1　合　併

合併は組織法上の企業再編手法とされ，消滅会社の財産は存続会社または新設会社に包括的に承継されるものとなり，労働契約関係の承継に際しても個別の同意を要せず当然承継されることになる。したがって，合併では，労働契約の承継をめぐっての問題は生じない。ここで問題となるのは，合併前の解雇や労働条件の変更問題であろう。例えば，合併前に合併当事者である会社間で統一的な労働条件を定め，労働者全員が一旦退職して新しい合併会社に新規に採用されるという形をとるような場合[3]，退職を拒否した労働者の解雇はどのように判断されるのか。この際，予定されている合併は，解雇およびその前提とな

っている労働条件の変更の合理性において，どのように考慮されるべきであるか，明確にはなっていない。[4]

2 会社分割

　会社分割も組織法上の企業再編手法とされ，会社分割では事業に含まれる権利義務について個別の移転手続は不要で，債務の移転にも原則として債権者の承諾も不要とされる。会社分割は，分割会社の権利義務を一般（包括）承継の形で承継会社または新設会社に移転させるという点で，合併に類似する。しかし，分割会社の債権者や労働者など権利義務の相手方にとって，会社分割は，合併よりも不利益である可能性が高い。それは，会社分割には，不採算部門を分離して他の部門を生き残らせる手段として濫用されるという特有の危険があり，また，会社の経営状態がことさら悪くなくとも，多角的に事業を営んでいた会社が分割されると，各事業部門が相互に行っていたリスク・ヘッジの機能が失われることにより分割会社の債権者のリスクが増大するという側面があるからである。[5] このことは，会社分割により労働者の雇用の安定が脅かされる状況が生じうることを意味している。

　そこで，会社分割に関しては，平成12年商法改正附則5条および労働契約承継法が設けられた。会社分割では，分割計画書ないしは分割契約書（以下，「分割計画書等」と略す）に承継対象として記載された権利義務のみが包括的に分割先に承継される。労働契約も分割会社あるいは分割会社と分割先の両者により，分割計画書等に記載されたもののみが承継されることになるが，それでは，承継を望まない労働者が承継される「承継の不利益」や，その逆に，分割の対象となった事業に従事する労働者が承継されない「不承継の不利益」が，使用者（分割会社あるいは分割会社と分割先の両者）による一方的な決定によって生じることになるとして，労働契約承継法によって，承継事業に主として従事する労

3）　野口大「企業組織の再編・変容と労働法」労経速1958号（2007年）30頁，33頁。
4）　小早川真理「企業の組織変更時における労働法上の問題」日本労働研究雑誌570号（2008年）60頁，61頁。
5）　江頭憲治郎『株式会社法〔第2版〕』（有斐閣，2008年）808頁，820頁。

働者で分割計画書等に記載された者を除き，異議申出権が認められた。しかし，承継事業に主として従事する労働者で分割計画書等に記載された者に異議申出権を認める必要はないかは，疑問とされるところである。

　前述した会社分割が合併よりも不利益である可能性が高いことを示す２つの側面を考えるならば，承継事業に主として従事する労働者で分割計画書等に記載された者に異議申出権を認めないことは，労働契約の承継が強制される不利益という問題を生じさせることになる。このリスクは，会社分割の実体的要件から「債務の履行の見込みがあること」が外されたことにより，一層大きくなるものと考えられる。さらに，これらのことは，分割会社の全部ではなくその一部が会社分割によって切り出された場合，経営基盤が小さくなった承継会社ないしは設立会社（以下，「承継会社等」と略す）において労働条件の不利益変更が行われる可能性が高まることを意味する。また，企業グループ外への事業分離のケースでは，その後において次々と売却されて行くリスクが高まることになり，雇用の不安定さは，なお一層増大するものとなる。こうしたことを考えると，承継事業に主として従事する労働者で分割計画書等に記載された者に異議申出権を認めない現行法制には，問題があるといえよう。「分割会社及び承継会社等が講ずべき当該分割会社が締結している労働契約及び労働協約の承継に関する措置の適切な実施を図るための指針」（平成18・4・28厚労告343号。以下，「平成18年指針」と略す）第２−５−(4)において，「分割会社及び承継会社等は，効力発生日以後における労働者の雇用の安定を図るよう努めること」との定めがあるが，これが十分な手だてであるとは言い難い。

　会社分割に際しての協議手続についても問題がある。協議手続については，労働契約承継法７条および平成12年商法改正附則５条に規定され，その具体的内容は，平成18年指針の第２−４−(1)および(2)において定められている。平成12年商法改正附則５条に基づく協議（以下，「５条協議」と略す）は，承継される事業に従事している個々の労働者と分割会社との協議であり，労働契約承継法７条に基づく「労働者の理解と協力を得る努力」（協議等。以下，「７条協議」と略す）は，分割会社と分割会社の全労働者を対象とした事業場を単位とする過半数組合または過半数代表者との集団的な協議その他これに準ずる方法による

労働者の理解と協力を得る努力である。7条協議は，本来5条協議の前提をなす重要なものと考えられるべきものであるが，分割会社がその雇用する労働者の理解と協力を得るよう努めるためのものであり，それが十分になされなかった場合においても何らかの法的効果が発生するものとは一般的に解されていない[6]。そのため，協議といっても合意へ向けての協議という位置づけではなく，また，その協議内容も会社分割後の労働者に生じるであろう様々な意味における今後の状況の変化といったことは協議対象とはされていない。

しかし，例えば，先に述べた，会社分割後に次々と売却されて行くリスクが高まるような企業グループ外への事業分離のケースの場合を考えてみればわかるように，会社分割に際しては，分割会社および承継会社等からの今後のありうる状況についての情報の開示とそれを基にした十分な協議が必要と考えられるが，現行の7条協議ではそうしたものは求められていない。協議手続の不十分さを問題とすべきである。日本アイビーエム事件は，まさにそうした問題点を示すものであったといえよう[7]。

3　事業譲渡

事業譲渡は，取引法上の企業再編手法であり，権利義務の承継の法的性格は特定承継とされている。それゆえ，譲渡会社と譲受会社との合意により移転させる権利義務関係の範囲を自由に選別することができ，事業の承継に伴う権利義務関係の移転については個別に債権者の同意が必要となる。権利義務の承継に関する合併や会社分割とは異なるこうした扱いは，事業譲渡については会社法に合併や会社分割のような包括承継を定める規定がないために，契約の一般法により処理されることになるからである。労働契約承継法は会社分割の場合に適用が限定されており，他の労働法立法にも事業譲渡についてそうした労働契約の包括承継を定めるものはない。

---

[6] 日本アイビーエム事件・東京高判平20・6・26労判963号16頁，26頁。現行法上の協議手続の問題について詳しくは，唐津博「会社分割と事前協議の法ルール」南山法学25巻4号（2002年）1頁以下を参照。
[7] 日本アイビーエム事件・前掲注6）東京高判。

このように事業譲渡における権利義務の承継の法的性格が特定承継とされていることを利用して，譲渡当事者間で労働契約の承継をしない合意を行い，その後に譲渡会社が労働者を全員解雇して，譲受会社がその労働者の中から選別して新規採用するというやり方（全部譲渡・再雇用型）で，労働者に承継排除の不利益がもたらされる問題が，これまでの裁判例に表れてきた[8]。とりわけ，全部譲渡の後に譲渡会社が解散してしまうようなケースでは，承継から排除された労働者は，行き場を失い，雇用の喪失という事態に陥ることになる。また，そのような再雇用型の事業譲渡において，譲受会社での労働条件の不利益変更に応じる労働者を採用し，それに応じない労働者は譲渡会社が解雇するとの譲渡契約の合意に基づき，労働条件の変更を拒否する労働者を採用しないという形での承継排除により，労働条件の不利益変更を迫るという問題も，これまでの裁判例に表れている[9]。

こうした問題に取り組むべく，①労働契約承継の合意には黙示の合意も含まれ，事業譲渡前後における事業の実質的同一性が認められる場合には，労働契約承継の黙示の合意の存在を認める「黙示の合意論」[10]，②事業譲渡が法人格の濫用と判断される場合には，特定の労働者の承継排除や採用拒否をする旨の合意を主張しえないものとする「法人格否認の法理」[11]，③労働条件引き下げ等の不当な目的によって労働者排除の合意がなされたような場合にこの合意を公序に反するものとして無効とする「公序構成による不当な承継排除の合意無効論」[12]，④全部譲渡の際に，事業譲渡当事者間の合意を基礎として，譲受会社での就労を希望する労働者の承継または採用を拒否することが解雇規制を脱法するものとして無効とする「解雇規制の脱法論」[13]，⑤全部譲渡の場合には，合併に準じた法的効果を認めるべきとする「事実上の合併」説[14]といった解釈論が展

---

8) 東京日新学園事件・東京高判平17・7・13労判899号19頁等。
9) 勝英自動車学校（大船自動車興業）事件・東京高判平17・5・31労判898号16頁。
10) タジマヤ事件・大阪地判平11・12・8労判777号25頁等。
11) 新関西通信システム事件・大阪地決平6・8・5労判668号48頁等。
12) 勝英自動車学校（大船自動車興業）事件・前掲注9）東京高判。
13) 島田陽一「企業組織再編と労働関係——労働法学の立場から」ジュリスト1326号（2007年）171頁以下，武井寛「営業譲渡と労働関係」日本労働法学会誌94号（1999年）111頁以下，東京日新学園事件・さいたま地判平16・12・22労判888号13頁。

開され,それらを用いて事件を処理した裁判例もみられる。

　しかし,これらの解釈論には,次のような問題点のあることが指摘されている。①黙示の合意論については,事業譲渡当事者が労働契約の不承継を明示的に合意した場合,黙示の合意を導くのは困難である。[15]②法人格否認の法理については,法人格否認の法理が適用できるための実質的同一性の要件は厳格に解されており,その適用範囲は限定的である。[16]③公序構成による不当な承継排除の合意無効論については,具体的に問題となった,譲受会社での労働条件の不利益変更に応じない労働者を排除する旨の特約を公序違反とすることには無理があるとの指摘もみられ,これまでのところ公序の内容があまり明確ではなく,その適用範囲については明確ではない。[17]④解雇規制の脱法論については,事業譲渡が企業再編の有力な手法として法律上認められ,特定承継ルールが肯定されている以上,これを解雇規制の脱法行為と評価することはできないとの批判がある。[18]⑤「事実上の合併」説については,そのような「事実上の合併」と意思解釈できるための前提となる事実関係が限定されていることから,やはりその適用範囲は限定的である。[19]以上のような解釈論の限界を考えると,前述したような問題に対しては,立法による解決が図られるべきものといえよう。

　また,それらの解釈論により雇用の継続が図られたとしても,譲渡型であればともかく,再雇用型の場合には,譲渡の前後では異なる2つの労働契約が存在することになるから,譲渡当事者間に特約がない限り,従前の労働契約の内容や勤続期間の通算が承継されることにはならないという問題もある。[20]これも立法による解決を図る必要のあるものであろう。

---

14)　山下眞弘「営業譲渡と労働関係」日本労働法学会誌94号（1999年）81頁,91頁,中内哲「企業結合と労働契約関係」日本労働法学会編『講座21世紀の労働法第4巻』（有斐閣,2000年）272頁,288頁。
15)　小早川・前掲注4)論文63頁。
16)　橋本陽子「営業譲渡と労働法」日本労働研究雑誌484号（2000年）61頁,67頁,小早川・前掲注4)論文63頁。
17)　小早川・前掲注4)論文64頁。
18)　土田道夫『労働契約法』（有斐閣,2008年）541頁。
19)　野田進「企業組織の再編・変容と労働契約」季刊労働法206号（2004年）52頁,63頁。
20)　小早川・前掲注4)論文63頁。

最後にここでも、会社分割の場合と同じく、事業譲渡後に次々と売却されて行くリスクが高まるような企業グループ外への事業分離のケースの場合の問題は、会社分割による場合と同じであることを指摘しておきたい。

Ⅳ 立 法 論

1 立法の必要性と理論的基礎づけ

以上、企業再編に関する現行法制下における労働法上の問題状況を概観した。既にその中で、何点かは立法による対応の必要性に触れたところであるが、以下では、それを踏まえて、立法の必要性とその理論的基礎づけについてまとめて述べることにしたい。

会社法制等の一連の企業再編法制の整備の中で、雇用と結びついた「事業」は分解され、解体されてきた。このことは、会社法の制定によって、会社分割の対象が、それまでの「営業の全部または一部」から「事業に関して有する権利義務」に変えられたことに端的に表れている。会社分割の対象に事業としての有機的一体性等は不要となったからである[21]。労働者の働く場であり、雇用される場である「事業」は、企業再編法制においては分解され、解体され、それにより企業、事業の切り売りは、より一層容易にされてきたのである。

このことはまた、労働者の労働契約、雇用の帰趨という面では、会社分割は事業譲渡に非常に接近したものとなったことを意味していよう。会社分割の実体的要件から「債務の履行の見込みがあること」が外されたこともまた、両者を非常に接近したものとさせるものであろう。これまでも会社分割は機能的にみて実質的には営業（事業）譲渡の一形態といえると指摘されていたが、会社分割の柔軟化による事業譲渡への接近は、少なくとも労働契約関係とのかかわりにおいては、両者の区別を一層無意味なものにしたと考えることができるであろう[22]。そして、これは、会社分割についてのみ労働契約承継法による労働者保護がなされることの合理性はもはやないことを意味していよう[23]。

---
21) 神田秀樹『会社法〔第9版〕』（弘文堂, 2007年）318頁。
22) 盛誠吾「企業組織の再編と労働契約承継法」季刊労働法197号（2001年）2頁, 13頁。

ところで，事業譲渡に関して労働契約承継のルール等の立法を不要とする論拠の1つに，事業譲渡が特定承継であることが挙げられる。しかし，それは，前述のように事業譲渡については会社法に合併や会社分割のような包括承継を定める規定がないために，契約の一般法により処理されることになっているだけであるのだから，会社法と同じく民法の特別法たる労働法において事業譲渡の場合の労働契約の包括承継を法定することの妨げとなるものではないであろう。

　さて，企業再編法制の柔軟化によって，企業再編が頻繁に行われるようになる中，労働法制においてそれに応じた対応がなされていない現状では，企業は企業再編の手法を通じて容易に雇用責任を回避することができるものとなっている。それでは労働法における労働権保障の法体系を無意味にしてしまうことになってしまう。私見では，労働権の保障は，第一次的には国家をその責任主体とするものであるが，労働の場である雇用を保障するためには雇主である使用者の存在を抜きには考えられないことから，二次的責任主体として，使用者も一定の雇用保障責任を負うべきものと考える。この場合，事業移転元（分割会社，譲渡会社等）と事業移転先（承継会社，譲受会社等）の双方に雇用保障責任が認められる。

　このように考えれば，労働権保障の観点から，企業再編時における労働契約承継のルールについて立法化することが求められよう。企業再編は労働権保障を害さないようなやり方でなされるべきであり，企業再編時における労働契約承継ルールの包括的な法定は，企業再編法制との調整を図るものであって，企

---

23) 『企業組織再編に伴う労働関係上の諸問題に関する研究会報告』（2002年）（http://www.mhlw.go.jp/shingi/2002/08/s0822-3b.html）が，立法による対応は不要とする結論の前提とした状況は大きく変わったといえよう。
24) 小早川・前掲注4) 論文62頁を参照。
25) 有田謙司「労働市場の流動化とキャリア形成の法政策」法律時報75巻5号（2003年）30頁，31頁。
26) ヨーロッパにおいても，事業移転に関する労働者保護法制は「労働権（right to work）」の国家による承認であるとして，労働権により基礎づける見解がある（B. Bercusson ed., European Labour Law and the EU Charter of Fundamental Rights (Nomos, 2006), pp. 177-178, 182, 184, per C. Vigneau)。

業再編時の行為規範として機能するために必要とされるものと考えられる。

また，企業再編が使用者の雇用責任が果たされる形で適切になされるようにするためには，企業再編時における労使間の利益調整の仕組みとしての情報開示と協議の手続の整備が不可欠である。ところが，会社分割についてのみ適用される現行の労働契約承継法7条および平成12年商法改正附則5条が定めるその内容は，既に指摘したように，不十分なものである。

前述したような労働権保障の趣旨に鑑みれば，労働者は，企業のステークホルダーとしてその雇用上の利益につき配慮されるべきである[27]。企業再編が行われるとき，労働者は，事業移転元における雇用関係を喪失し，事業移転先と新たな雇用関係を形成することになるのであるから，そうした労働者の雇用関係の得喪にかかわって，労働者側と事業移転元および事業移転先の双方との協議が要請されることになる。この場合にも，企業再編時の行為規範として機能するためにその内容の法定が必要となるのである。

そして，この協議を通じて，事業移転に関しての労使間のコミュニケーションが図られることになり，労働者の雇用の安定の要請と企業再編の実現の要請との調整がなされうることにもなる。労使間の利益調整の重要な仕組みと位置づけられる。また，企業再編が実際に成功裡に進められるためには，労使間のコミュニケーションが十分に図られていることが不可欠との調査研究も存する[28]。このようなことから，この協議手続の存在によって，企業再編が制約されすぎることとなるものではないと考える。

2 立法の基本的内容

それでは，構想されるべき立法の内容としていかなるものを考えるべきであるのか。以下では，考えるべき立法の基本的内容について述べることにしたい。

---

27) 石田眞「労働市場と企業組織」石田眞・大塚直編『労働と環境』（日本評論社，2008年）3頁，20頁。
28) 労働政策研究・研修機構編『事業再生過程における経営・人事管理と労使コミュニケーション』（労働政策研究・研修機構，2007年）。

(1) 労働契約承継法の改正による包括的な適用対象の拡大

立法の形式の問題として，労働契約承継法の改正による包括的な適用対象の拡大を図るべきものと考える[29]。会社分割の柔軟化による会社分割の事業譲渡への接近は，少なくとも労働契約関係とのかかわりにおいては，両者の区別を無意味なものとしたと考えることができるから，同じルールの下に置くことが制度的整合性のあるものとなるし，複雑さを避けることができる。また，それは，行為規範としての側面においても妥当なものであろう。

そして，事業譲渡に類似の企業再編手法の存在も考えると，その立法は，多様な企業再編手法に対して，労働者の雇用を保護することができるようなものでなければならない。そのためには，会社法上の概念とは異なる労働法上の「事業移転」概念を立て，その適用対象とする必要がある。そこで，EC指令を国内法化したイギリスの立法例を参考にしたものであるが[30]，その適用対象を例えば，「事業の全部または事業の一部の他者への移転であって，同一性を保持した経済活動の遂行を目的とする資源の組織化されたまとまりの移転」とし，「移転は，合併，会社分割，事業譲渡等，その法的形式を問わない」と定める。これにより，これまで問題となってきたケースの相当程度のものを適用対象として包括的に取り込むことができるであろう[31]。

(2) 労働契約の自動承継と労働者の承継拒否権の保障

一般的には雇用の存続を保障する意味において事業の移転とともに事業の重

---

[29] 同旨の立法論の必要性について示すものとして，盛・前掲注22)論文13-14頁，徳住堅治「企業組織の再編と労働法の新たな課題」季刊労働法206号（2004年）68頁，78-79頁。なお，労働契約法の中に事業移転における労働契約の承継ルールを定めるとする立法論として，労働契約法制研究委員会編『労働契約法試案』（連合総合生活開発研究所，2005年）142頁以下（和田肇担当）がある。

[30] 2006年企業譲渡（雇用保護）規則（Transfer of Undertakings (Protection of Employment) Regulations 2006, SI 2006/246）（以下，TUPEと略す）reg. 3。TUPEについては，C. Wynn-Evans, Blackstone's Guide to The New Transfer of Undertakings Legislation (2006, Oxford University Press); BERR (Department of Business Enterprise & Regulatory Reform), Employment Rights on the Transfer of an Undertaking (2007) URN 07/758Y；長谷川聡「業務の外部委託・委託先の変更・社内化におけるイギリスの労働者保護の枠組み」季刊労働法219号（2007年）247頁以下，同「企業譲渡におけるイギリスの労働者保護制度」季刊労働法222号（2008年）66頁以下等を参照。

要な要素たる労働契約が承継されることが適切であると考えられることから，前述の労働契約承継法の適用対象たる「事業移転」に該当する場合には，当該事業に従事する労働者の労働契約は自動的に承継される。ただし，移転先が不採算部門であるような場合の承継による不利益，すなわち，近い将来における雇用の不安定，雇用喪失のリスクを回避するために，承継拒否権を労働者に保障すべきである[32]。

そして，この労働契約の自動承継の効果として，後述する倒産時における事業再生を目的とした事業移転の場合のような例外的場合を除き，原則として，従前の労働契約の内容や勤続期間の通算が承継されるものとする。

(3) 事業移転を直接的な理由とする解雇の禁止

自動承継ルールの潜脱を防止するため，また，事業移転を奇貨とした労働契約の不承継の防止を図るべく，事業移転を直接的な理由とする解雇を禁止する規定を設けるべきである[33]。それにより，事業移転の直近前後の解雇は，この規定により禁止されるところとなる。ただし，これによって，事業移転後の真に必要な整理解雇が許容されないものとなるわけではない。

(4) 労働条件変更の規制

労働契約の自動承継の効果として，倒産時における事業再生を目的とした事業移転の場合のような例外的場合を除き，原則として，従前の労働契約の内容や勤続期間の通算が承継されることから，それが実質的な意味を失わないようにするため，例えば1年等の一定期間は労働条件変更の禁止を規定する[34]。その後の労働条件の変更は，一般的な労働条件の変更ルールに従ってなされること

---

31) 本久洋一「営業譲渡に際しての労働契約の帰趨に関する立法の要否について」労働法律旬報1550号（2003年）6頁，15頁，盛・前掲注22）論文14頁は，同旨の見解を示している。なお，イギリスのTUPEが定める「サービス供給主体の変更（service provision changes）」（reg.3(1)(b)）のようなアウトソーシングやインソーシングを別個に特別な事業移転として定義する必要についても，検討すべきである。長谷川・前掲注30）（2007年）論文を参照。
32) 労働契約法制研究委員会編・前掲注29）書（和田）146頁は，民法の規定（625条1項）が特別法により労働者に不利に変更されるのは背理であると指摘する。
33) 労働契約法制研究委員会編・前掲注29）書（和田）145頁も同旨。
34) 奥田香子「労働契約承継法にかかわる労働条件変更問題」季刊労働法197号（2001年）55頁，68頁は，現行労働契約承継法のこの問題点を指摘する。

になる。

(5) 情報提供と協議手続の整備・強化

前述した会社分割や事業譲渡の後に次々と売却されて行くリスクが高まるような企業グループ外への事業分離のケースの場合を考えてみればわかるように，事業移転に際しては，事業移転元および事業移転先からの今後のありうる状況についての情報を含む事業移転に関する情報の開示とそれを基にした十分な協議が必要と考えられる[35]。また，それは，労働者が承継を拒否するべきか否かを適切に検討しうるためにも，不可欠のものといえよう。

そこで，事業移転元および事業移転先が提供すべき情報の範囲に次のようなものを含めるべきである。①移転が行われようとしていることと，その見込まれる時期，②影響を受ける労働者にとって移転のもつ法的，経済的，および社会的意味，③労働者に影響する移転に関係して，何らかの措置（組織再編等）がなされることが予想されるか否か，それが予想される場合には，その予想される措置の内容，④移転先使用者が労働者に影響するであろう何らかの措置をとることが予想されるか否か，予想される場合はその内容。

そして，その情報開示を受けてなされるべき協議は，まず事業移転元と事業移転先の双方と労働者代表との間でなされるようにすべきである。過半数組合が存在するところでは，従業員全員の利益を公正に代表するように義務を法定して，当該過半数組合を労働者代表とし，それが存しない場合には，代表制民主主義の考え方のもとに労働者代表を選出する方法を法定すべきである[36]。

労働者代表者との協議は，企図されている措置に対して労働者代表との合意が得られるよう努めるという観点から，なされなければならないものとし，協議中，事業移転元および事業移転先は，労働者代表からの提案を検討しこれに

---

35) イギリスのTUPEに，こうした情報開示・協議手続が定められている（reg. 13）。本稿の提案内容は，このイギリスの規定を参考にしたものである。
36) 毛塚勝利「企業統治と労使関係システム」石田眞・大塚直編『労働と環境』（日本評論社，2008年）47頁，56-61頁。イギリスのTUPEには，労働者代表の選挙の要件として，使用者が，選挙が公正であることを確保することが合理的に可能であるような取り決めをなさなければならないこと，あらゆる影響を受ける労働者の数とクラスを考慮して，それら労働者の利害を十分に代表するよう代表者の数を決定すること等が，定められている（reg. 14）。

応え，それを拒否する場合にはその理由を述べなければならないものとすべきである。また，こうした協議が十分に行えるような期間を保障すべきである。

そして，現行法における7条協議と5条協議の関係を参考にして考えると，以上のような労働者代表との協議の後に，事業移転の対象となる労働者との個別の協議がなされるよう定めるべきである。このような協議を通じ，労使間のコミュニケーションが十分に図られることによって，円滑な企業再編が行われうることになるのである。

実効性を確保するための協議義務違反の効果については，労働契約の承継無効と補償金の支払いを認めることが考えられる。1つの考え方として，労働者代表との協議義務違反については補償金の支払いが[37]，労働者との個別協議義務の違反に対しては労働契約の承継無効を認めることが考えられる。

(6) 倒産時の特例ルール

倒産時における事業再生を目的とした事業譲渡等の事業移転についての特例ルールを設定する必要がある。再生型の倒産手続においては，事業再生の手法として事業譲渡が相当に利用されている実態があり，例えば，民事再生法には，再生手続開始後において再生債務者等が再生債務者の営業または事業の全部または重要な一部の譲渡をなす場合には裁判所の許可を要すること，およびその要件について定めがある（42・43条）[38]。ところで，こうした倒産時における事業再生を目的とした事業譲渡等の事業移転の場合，何よりも迅速さが求められる。そのためには，事業移転先との譲渡契約等が成立し易くなるように，換言すれば，事業移転先が望むような費用負担を一定抑えることを可能とするような措置が求められる。そうした場面においては，買い手が付かなければ元も子もなくなることを考えると，それはやむをえないものと考えられる。

そこで，倒産時における事業再生を目的とした事業移転の場合には，原則である一定期間の労働条件変更の禁止を適用せず，事業移転時に変更を可能とす

---

37) イギリスのTUPEは，情報開示・協議義務の不履行に対する救済として，労働者1人につき13週を上限とする賃金相当額の支払いを定めている（reg. 16）。
38) 山本弘「営業譲渡における事業再生」齋藤彰編『市場と適応』（法律文化社，2007年）185頁以下を参照。

ることを認める必要があろう。ただし，それが行き過ぎたものとならないよう，労働者代表との協議を条件とする必要がある。[39]

V おわりに

　以上，述べてきたところをまとめれば，次のようになる。会社法制等による「事業」の解体とその切り売りの促進，その頻度の高まりによって，労働者の雇用の不安定さとその深刻さは，その度合いを増し続けている。このことは，会社法制上の企業再編の法的措置の実施の要請と労働法上の労働者の雇用の保障，労働条件の保護の要請との調整が強く求められていることを意味している。

　そのため，企業再編時における労働者保護ルールの包括的な立法化が，企業再編法制との調整を図り，企業再編時の行為規範として機能するために必要とされているのである。そして，その具体化は，前述したような労働契約承継法の対象拡大と内容の整備・充実によるべきである。

　　　　　　　　　　　　　　　　　　　　　　　　　（ありた　けんじ）

---

39) イギリスの TUPE に，こうした規定がある（reg. 9）。

物言う株主時代の労働者保護法理
―― 投資ファンド買収の問題を中心に ――

河 合 塁

(東洋大学)

I　はじめに――問題の所在

　わが国においても，いわゆる株主価値重視型のコーポレート・ガバナンス論（以下，アメリカ型ガバナンス論）が喧伝されるようになって久しい。2008年5月に，アデランスHDの株主総会において，社長を含む現任取締役の再選議案が否決されたのは，増大する株主の影響力を物語る象徴的な事件であった。

　このような株主の影響力は，労働法学においても少しずつ意識され始めている。例えば投資ファンド（以下，ファンド）買収後の，ファンドの使用者性が問題となった東急観光事件（後述）であるとか，（直接「株主」としての側面が問題化した事案ではないが）買収後の労働条件引下げの有効性が争われたクリスタル観光バス事件（大阪高判平19・1・19労判937号135頁）などは，「株主」という存在が，直接間接に労働法領域の問題とクロスしてきた事案だといえよう。

　ただ，「どのような株主の，どういった行動が，どう法的に問題なのか」という根本的な点については，「株主」という存在自体が（その影響力にも関わらず）依然見えづらいこともあってか，これまで必ずしも十分に整理されてこなかったように思われる。しかしながら，国内外における「株主」の存在感の増大，そしてそれによる労働者等への影響がますます増大するであろうことに鑑みれば，個別事案ごとへの対応ではない，体系的検討が求められているといえるのではないだろうか。

　本稿は，以上のような問題関心を出発点として，90年代以降の企業システム・企業法制の変化と株主行動活発化の関係，株主行動の法的評価，それらを

踏まえたうえでの，（特にファンドによる）企業買収における問題の表れ方とそれへの対応等を通じ，労働法学として考えうる方向性を検討するものである。

Ⅱ 株主行動と企業システム・企業法制の変化

1 株主の種類と株主行動

(1) 「物言う株主」とは

株主にも色々なタイプがあるが，近年問題となっているのは，かつての総会屋型の特殊株主ではなく，いわゆる「物言う株主」といわれる株主である。「物言う株主」とは，一般には国内外の機関投資家やファンドなどのうち，株主行動を通じて企業経営に直接間接の影響を及ぼす投資家の意味で用いられる[1]。

ただ彼らの多くは，議決権行使の判断は自らが行っている（実質株主）ものの，議決権行使の形式的な主体は，彼らの資産を保管している管理信託銀行や証券会社等（名義株主）であり，株主名簿（会社法121条）上も名義株主の氏名が記載されているため[2]，企業の側から実質株主を把握することは現実には困難である。これは，株式のもつ「匿名性」という性格や法制度的背景等からすると必ずしも不合理とはいい切れない面もあるが，企業側からは批判も強いところであり，イギリスのように立法的解決を図っている国もある[3]。

(2) 株主行動（株主権の行使）とは

株主行動とは，一般には「株主の共益権（経営参加権）行使」という意味で

---

1) 投資を専門とする法人や団体のことで，年金基金や投資運用業者などを指す。
2) 例えば金商法42条の4は国内投資運用業者やファンド（例外あり）の分別管理義務を定めている一方，投資信託法10条等は受託機関（実質株主）が議決権行使を行う旨を定めている。このため通常は，実質株主が管理信託銀行等の名義株主に指図をし，名義株主はそれに従って議決権を行使する。日本コーポレート・ガバナンス・フォーラム編『株式投資家が会社に知って欲しいこと』（商事法務，2008年）113頁以下（木村祐基執筆部分）参照。
3) 具体的には名義株主を通じた実質株主の把握（1985年会社法§212(1)(2)）等である。わが国の場合，上場企業の議決権を5％以上保有している株主（ファンドも含む）は大量保有報告書の提出義務を負う（いわゆる5％ルール）。なお実務上は実質株主に提出義務が課せられている（大量保有府令第1号記載上の注意（9）a)等）が，実効性の面で限界があるとの指摘もある。山田尚武「実質株主の開示制度（上）（下）」商事法務1797・1800号（2007年）参照。

シンポジウム（報告④）

用いられる。「物言う株主」も「株主」である以上，自らの意見を経営陣に伝えていく（物を言う）手法は，基本的には株主総会（以下，総会）での行動（議決権行使や株主提案等）を通じて，ということになる[4]。ただし実務的には，株主提案のような法的権利行使ではなくとも，議決権数等を背景とした「水面下での交渉」や「圧力」といった行動がかなり影響力をもっているので，これも含めて「株主行動」と理解するのが妥当であろう[5]。このような株主行動が90年代以降急速に広まってきた背景について，以下で90年代以降の企業システムの変化および企業法制の変化との関係に照らしながら見ていくこととする。

2　企業システムの変容

　企業システムとは，「『会社』を中心とした，様々な利害関係（者）の有機的集合体」と定義しうるが[6]，90年代以降，これは「対外的」「対内的」の2つの意味で変化してきている。「対外的」な変化とは，企業社会の中での「会社」の役割が，従来の「社会の公器」「共同体」的な存在から「株主利益最大化のための『道具』」という側面が強まってきた，という意味であり，「対内的」な変化とは，会社内での「意思決定システム」が，従来の日本的経営（≒従業員主権）から株主主権型経営にシフトしてきた，という意味である。これらはいずれも1つの傾向にすぎず，むしろ未だに株主よりは「経営者」の方がはるかに強大な実権を握っていることも多い（「『主客転倒した』古典的モデル」[7]）が，それでも企業内のパワーバランスは確実に変わってきており，それが近年の株主行動の増加と一定の関わりをもっているであろうことは容易に推察しうる。

　ではなぜ90年代以降，このように企業内のパワーバランスに変化が生じてきたのか。この点は諸説あるが，①株主構成の変化（銀行・事業会社といった「物

---

4)　仮屋広郷「株主層の変動と株主総会」法律時報80巻3号（2008年）参照。
5)　特に2008年6月総会では，実際にファンドと企業が「対話」を行うケース（その結果双方が譲歩し，株主が株主提案を取り下げるなど）も少なくなかったとされる。商事法務研究会編『株主総会白書2008年版』（2008年）135頁参照。
6)　毛塚勝利「企業統治と労使関係システム」石田眞・大塚直編『労働と環境（早稲田大学21世紀COE叢書　企業社会の変容と法創造6)』（日本評論社，2008年）48頁参照。
7)　稲上毅「株主重視と従業員重視」稲上毅・森淳二郎編『コーポレート・ガバナンスと従業員』（東洋経済新報社，2004年）6頁参照。

言わぬ株主」「安定株主」がバブル崩壊後に減少したことによる，機関投資家・外人投資家への株式のシフト），②株式投資収益が低下する中での企業年金・運用機関の受託者責任（受認者義務）[8]意識の高まり（「物言う株主」化），③不祥事増加や株価低迷に伴う従来の日本的経営への批判と，それに変わるアメリカ型ガバナンス論の台頭，などが密接に絡み合った結果生じたと理解できよう。ちなみにアメリカの企業年金については，株主行動（議決権行使のほか，経営陣の監視や経営陣とのコミュニケーション等）を行うことは企業年金の「受認者としての責務」である旨の通達が労働省（DOL）より出されている[9]。

3　企業法制の変容

　この時期には，企業法制においてもいくつかの歴史的変容が見られるため，その変化が株主行動増大とどう関連しているのかを以下で検討する。
（1）独占禁止法（独禁法）改正による純粋持株会社の解禁（1997年）
　独禁法の改正は，国際化の進展等を踏まえ，従来の「過剰規制」を緩和すべきとの経済界の強い要望を受けてなされたとされる。しかし一方で，「子会社のブラックボックス化」[10]といった問題点も指摘されており，株主側がこの改正を全面的に評価していたわけではなかったようである。
（2）商法改正による会社法成立（2005年）
　商法改正の背景には，規制（特に事前規制）緩和による経営のスピード化・グローバル化への対応，そして経済活力の確保といったことがあるとされる。ここにもやはり経済界の強い要望があり，実際にそれがかなり法律に盛り込ま

8）　企業年金の受託者責任については，森戸英幸『企業年金の法と政策』（有斐閣，2003年）129頁以下，河合塁「『退職金』としての視点からの企業年金改革の再検討」日本労働法学会誌104号（2004年）27頁以下等参照。アメリカの企業年金における受認者義務については畑中祥子「企業年金制度における受給権保障の法的枠組み」日本労働法学会誌112号（2008年）169頁以下参照。

9）　CFR Table 29 Chapter 2509 Federal Register Vol. 59 No. 145, Friday July 21, 1994. なお州法によって設立される公的年金には直接 ERISA の適用はないが，州政府より ERISA の受認者義務の遵守が要請されている。関孝哉『コーポレート・ガバナンスとアカウンタビリティー論』（商事法務，2008年）164頁以下参照。

10）　柴田和史「持株会社による企業組織と商法」ジュリスト1123号（1997年）50頁参照。

シンポジウム（報告④）

れたが，ただこのことをもって即座に「新会社法＝アメリカ型（株主権強化型）へのシフトが進んだ」と断じるのは必ずしも正確ではない。例えば簡易組織再編やいわゆる定款自治の強化（定款に定めることで，総会決議事項の一部を取締役会で決議することが可能に）など，少なくとも結果としては「物言う株主」をはじめとする少数株主の株主権を制限する格好のものもあり，その意味で株主側にとって満足のいくものではなかった。

（3）　証券取引法改正による金融商品取引法（金商法）成立（2006年）

この改正の背景には，独禁法や会社法とは少し異なり「投資家，特にアマチュア投資家の保護」ということ，および「公正な取引ルールの構築」があるとされる。これらは，株式投資資金の呼込みということを期待する経済界の思惑とも一致するものであったが，むしろより直接的には，一部のファンドによる脱法的な投資行動が問題視されたということが大きい。実際にこの改正によって，これまで法規制が事実上及んでいなかったファンドなどについても，一定の条件下で規制下におかれることとなったほか，大量保有報告書における保有目的の精緻化（重要提案行為を行う場合）などがなされている。

この改正は，証券市場にとっては透明性・公正性向上に資するものであり，その意味での評価は可能であろうが，株主行動を行ううえでは「規制強化」であり，株主が「物を言う」ことに限ればむしろ逆風であったともいえる。

4　小　　括

以上のように，90年代以降の一連の法改正は，「経営のスピード化」「規制緩和」「経済活性化」等が大きなメルクマールであり，「経営者の権限拡大」では

---

11)　上村達男「新会社法の性格と法務省令」ジュリスト1315号（2006年）参照。
12)　具体的には，普通株式の議決権制限株式への転換，剰余金処分（旧・利益処分），株主提案権の行使期限の短縮等が可能になっている。
13)　アメリカの場合，いわゆるビジネス・ジャッジメント・ルールに代表されるように経営者の権限自体は確かに大きいが，特に上場企業の場合，証券取引所ルール等によって，取締役の過半数が独立（社外）取締役（株主全般の立場としての視点が期待されている）であること等が求められている。したがって，アメリカの株主行動の強さは，むしろ独立取締役やソフトローを媒体としての間接的なガバナンス構造や実態面から導かれるものであるが，日本の会社法は，そのような手当てを抜きにした「経営の自由度強化」にすぎないといえる。

あったが，株主行動にとってはむしろそれを抑制するものであった。結局，わが国における株主行動の増大は，法改正との関連でよりは，Ⅱ2で述べたような株主側の環境変化が企業システムにおけるパワーバランスの変化を生ぜしめ，それによって増加してきたものと理解するのが自然であろう。

なお，わが国ではあまり知られていないが，アメリカにおいては，株主行動は確かに盛んであるものの，純粋な会社法上の権利としての「株主権」としては特に強いわけではなく[14]，むしろわが国の会社法（旧商法時代を含め）の方が幅広い株主権を保障している。すなわち，わが国の株主行動の増加は，従来あまり行使されてこなかった「株主権」が，90年代以降に行使されるようになってきただけにすぎない。株主行動に対しては，他のステークホルダーに影響を与えうることからしばしば社会的に批判の的となるが，少なくとも違法性を伴わない範囲に留まっている限り，そのような行動を全面的に批判することは法理論としては極めて困難だといわざるをえない。

Ⅲ　企業買収の場面での株主行動と労働法——ファンド買収を中心に

もちろんそうはいっても，「物言う株主」の株主行動が，労働者等にとって望ましくない結果や圧力につながっているケースは実際に少なくないし，それに対し労働法学が手を拱いていてよいというわけではない。以下では，「そのような性格をもつ株主行動に対して，労働法的な視点から，どのような解釈論的・立法論的な対応策を論じうるのか」を検討していくが，その検討の前提として以下では，「そもそも株主行動が，どのような形で労働法の世界にクロスしてくるのか」を，モデル事案を踏まえて整理する。株主行動が問題化するパターンは実際には様々な類型があるが，検討の素地をクリアにするため，以下では，ファンドからの企業買収に絞って論じることとする。

---

14)　例えばデラウェア州会社法§216(3)の下では，取締役選任決議の方法は，総会で1票でも賛成を得られれば可決される。上田亮子「アメリカの株主総会と日本への示唆」資本市場リサーチ08年冬期 vol.6（2008年）62頁等参照。

シンポジウム（報告④）

1 定　義

(1) 企業買収とは

　企業買収とは，「完全な支配権（経営権）の掌握」という意味で用いられることもあるが，本稿ではより広く，会社に影響力を行使しうる程度（概ね10〜20％以上）の株式の取得行為（部分買収）を含めて企業買収としている。

　企業買収については，買収の主体（事業会社，ファンド等）のほか，買収の対象（上場企業，非上場企業），買収の法的手段（会社法に基づく企業譲受や吸収合併および第三者割当の引受，金証法に基づく公開買付，市場での購入），買収の目的（ファイナンス，事業会社のＭ＆Ａ戦略），買収元と買収先との友好性（友好的，敵対的）などによる分類が可能である。したがって本来は，各要素ごとに類型化しそれぞれ問題性を検討すべきであろうが，紙幅の関係上，「株主行動が，労働法的な問題とクロスするのはどのような場面か」という点に着目し，特に問題化しやすい買収類型に絞って，検討を進めることとする。

(2) 投資ファンドとは

　上記検討に先立ち，そもそもファンドとは何かについても整理しておく。ファンドとは，一般的には，金融機関や個人，年金基金などの複数の投資家から資金を集め，それを基金として（何らかの投資事業組合形態をとることが殆ど）株や債券，不動産等に投資するというスキームを意味するが，少数の投資家が組成するファンドから，投資銀行や事業会社さらには政府が組成するファンドまで多種多様である。なおわが国で活動するファンド（外国籍を含む）の場合，出資者全員が事業に関与する場合等を除いて原則的には金商法の規制下におかれ（金商法2条2項5号イ〜ニ），財務局への届出義務や登録義務に服する。

　ファンドには，「顧客利益（のために）成功報酬の動機付けに支えられ，それを最優先にして行動」し，「様々な策を弄して，専ら短中期的に……売買益を獲得しようと（する）」，「ひたすら自らの利益を追求しようとする存在」（ブルドックソース事件・東京高決平19・7・9商事法務1806号40頁以下）といったネガティブなイメージが付きまといがちだが，そのような側面が全くないわけではないものの，そこまで露骨な手法をとるファンドはむしろ例外的で，特に非上場企業を投資対象とするプライベート・エクイティファンドなどでは，かなり長

期的（5〜10年以上）に渡って保有し，経営陣と有効な関係を築くことの方がむしろ多い。[15] また一般論ではあるが，経済学の観点からは，マクロ的にはリスクマネーの供給や株式市場への緊張感の付与，ミクロ的には企業経営の建て直しといったプラス側面を担っているとされる。とはいえ繰り返しになるが，株主行動が（経営陣や他の株主にとって）過激になったり，経営への関与（不採算部門のリストラ）や人員整理・労働条件引下げ等につながるケースも確かにあるし，また投資戦略上，情報を十分に開示しないことが多いことから，上記のような負のイメージにつながっている側面は否定できない。

　ファンドは，投資パターンも株主行動も多種多様であり，一般的な類型化は極めて困難であるが，誤解を恐れずにいえば，上場企業を主たる投資対象とするファンドとして「ヘッジファンド」「アクティビストファンド」等があり，非上場企業を主たる投資対象とするファンド（プライベート・エクイティと称される）として「ベンチャーキャピタル」「バイアウトファンド」「事業再生ファンド」等に分けられる。[16] そこで以下では，株主行動に比較的熱心な傾向をもつファンドのうち，「バイアウトファンド」「アクティビストファンド」の買収について，労働問題の発現パターンを見ていくこととしたい。

2　投資ファンド買収に伴う労働法的問題

(1)　バイアウトファンドによる，非上場企業買収のケース

　バイアウトファンドとは，一般には，業績が伸び悩む成熟期の企業（主として非上場）を投資対象とするファンドを意味する。

　非上場企業買収の場合には，少なくとも売却元企業との合意がない限り買収はできないので，通常は敵対的買収とはならない（被買収対象の子会社が不満を感じたり，買収後に「敵対的」になるという可能性はあるが）。また合意に至るまでには短くとも1〜2年程度の調査期間を要するため，売却元企業にとって直接

---

15) すかいらーくのように，ファンドと労働組合が協力して創業家出身の経営陣を交代させたというケースもある。日本経済新聞2008年8月9日記事参照。
16) 用語の意味については，経済産業省・投資ファンド事例研究会報告書（2008年）参照。ただし実際には横断的な性格をもつファンドも多い。

シンポジウム（報告④）

図1

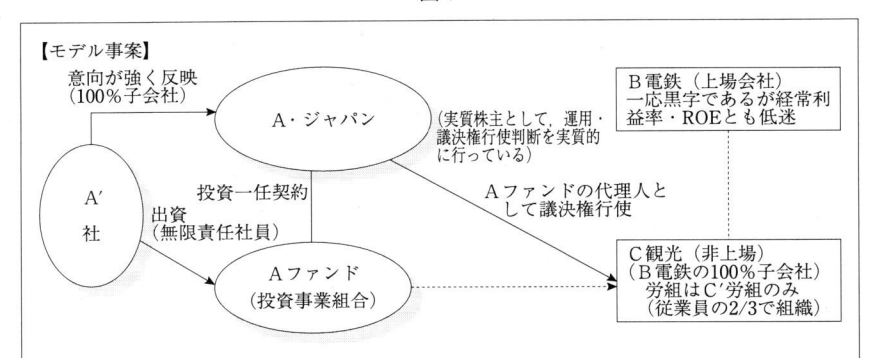

```
【モデル事案】
            意向が強く反映
            (100％子会社)
                         A・ジャパン       （実質株主として，運用・
                                          議決権行使判断を実質的
                                          に行っている）
   A′社
            投資一任契約              Aファンドの代理人と
            出資                      して議決権行使
           (無限責任社員)
                         Aファンド
                         (投資事業組合)

                                          B電鉄（上場会社）
                                          一応黒字であるが経常利
                                          益率・ROEとも低迷

                                          C観光（非上場）
                                          (B電鉄の100％子会社)
                                          労組はC′労組のみ
                                          (従業員の2/3で組織)
```

　Aファンドは，日本の非上場企業を主な投資対象とするバイアウトファンドであり，世界各国の富裕層や年金基金から資金を調達している。Aファンドの設立母体はアメリカのA′社で，A′社はAファンドの無限責任社員となっている。またAファンドは，A′社の100％子会社である日本法人A・ジャパンと投資一任契約を締結しており，投資先への議決権行使判断等はすべてA・ジャパンが行っている。
　一方，業績悪化に悩むB電鉄はリストラの一環として，採算の良くない子会社のC社株式の90％をAファンドに売却し，Aファンドがc社の筆頭株主となり，C社の取締役は6名中4名がAファンド関係者となった。
　当初はC社労組とも友好的で労働条件の変更等もなかったが，2008年9月，C社は突如として「基本給の20％減，賞与の40％減」「社員の20％整理解雇」等を打ち出してきた。C労組は最初C社と団体交渉を行ったが，C社には十分な決定権がなさそうであったので，AファンドおよびA・ジャパンと交渉しようとしたが，いずれも「使用者」でないことを理由に団体交渉を拒否した。

の買収者が誰かについては比較的把握しやすい。また非上場企業買収の場合は株式の過半数から100％を取得し，事実上の支配下において，ある程度長期に保有して経営全般を建て直す，というアプローチがとられることが多い。このため，ファンドが役員を派遣して直接間接に経営に携わる場合が少なくない。一般論ではあるが，バイアウトファンドによる非上場企業買収の場合は，「投資」ではあるものの，「事業性」がかなり強いという特徴をもつことが多い。以下，かなり簡略化しているが具体的なモデル事案を挙げて検討する。
　実際には，株式の取得段階・保有段階でもそれぞれ問題化の可能性はあるが，「株式の保有」という段階のみに限定すれば，上記事案においては，やはり

「AファンドないしA・ジャパンが，労組法7条2号の『使用者』に該当するのか（団交応諾義務を負うのか）」が主な論点となろう（なお個別法的には，ファンドの関与による，買収後の労働条件引き下げや整理解雇といった問題もないわけではないが，本稿では検討対象から除くこととする）。

　非上場企業買収の場合，このようにファンドあるいはファンドの息のかかった人間が経営に直接間接に関わっている（hands-on）ことが多く，少なくとも事実上は一定の経営支配を行っていることが外形的にも認めやすいため，「グループ企業」「親会社」等の使用者性をめぐる従来の議論が参考となる。ファンドの場合，①直接的・個別的な労働条件決定は行わないが，②資本関係が（少なくとも事実上は）ある，③経営方針決定に大きな影響力をもつ，④役員への人的派遣も見られる，といった親会社との共通点・類似点がある一方，①取引の専属性の有無，②法人格否認の法理の援用可能性（ファンドの場合，形骸化も違法目的も見出しがたい），③情報入手（経営方針や運用状況等）の容易性，といった相違点が見られる。これらの特徴に鑑みれば，ファンドに使用者性を認めることは，資本関係や役員等の受け入れがある場合には「親会社」の使用者性の問題とかなり重なりはするが，それでも一般的には親会社のケース以上に難しいといわざるをえないであろう。

　(2)　アクティビストファンドによる，上場企業買収のケース

　アクティビストファンドとは，主に上場している割安株を市場で買い付け，投資先企業の株価向上を目的として，様々な株主行動や投資先企業等への働きかけを行うファンドをいう。非上場買収と異なり「敵対的買収になりやすい」[17]「ファンドの情報把握が困難」[18]「株式の取得比率は多くても10〜20％程度」「経営ノウハウは持ち合わせていない」といった特徴が一般的にはある。

　モデル事案については，例えば前頁のモデル（図1）を，C観光を「上場企業」，Aファンドを「アクティビストファンド」，ファンドの株式取得を「市

---

17)　投資先企業と何の接触もないまま株式の一定割合を買い付けて大株主になり，その上で株主としての要求を行う，というパターンが多いためである。
18)　ファンドが5％以上の議決権を取得すれば金商法上の大量保有報告書の提出が求められるが，特に海外のファンド等については情報把握に限界がある。

場での買付で15％程度を取得」と置き換えれば，概ね該当する。

　もちろん，このようなケースでも，労働条件に直接影響を与えるようなケースでも，「経営陣が，投資ファンド側の意向を受けいれて大規模なリストラを行う」という可能性はあるが，「使用者性」の問題に関しては，バイアウトファンドの場合と同様（むしろそれ以上）に，団交に引出すことはおそらく困難である。ただ，15％程度の株式取得では経営権の把握も役員の派遣も現実には困難であり，労働条件に影響を与えることは実際にはそれほど多くはないであろう。[19]

3　小　　括

　以上のように，ファンド買収が労働問題と法的にクロスする場面というのは，実際には必ずしも多くはない。強いていえば，特に非上場企業買収の場合の「ファンドの使用者性」が，目下のところの大きな課題といえそうであるが，これについても，労働法領域に影響力を及ぼすほどの場合というのは，実際には経営陣のどこか（取締役会メンバーか，あるいはそれに近い地位）に，ファンド（あるいはファンド関係）の人間がいることが少なくないのである。こういった事情に鑑みれば，──「現実には（その人間の）把握が困難」という問題はあろうが──少なくとも現時点では，ファンド買収「独自」の問題性はそれほどないのだから，これまでの（親会社の労組法上の使用者性等をめぐる）労働法学の議論でも対応できる，といった割り切りも不可能ではないであろう。

　ただ，金融市場の国際化・複雑化は今後も確実に進展するであろうし，その中では，より複雑化・多様化した買収が増加する可能性もあると思われるので，「ファンド買収」に対しての法的方策，労働者・労働組合の保護法理を検討することには一定の意義があろう。そこで最後に，これまでの整理を前提としつつ，どのような検討が法的に考えうるのかを検討していくこととする。

---

19)　ただし，投資ファンドが水面下で連携して圧力をかけてきた場合には，その使用者性をどう考えるのかなど，より複雑な法的問題を惹起する懸念もある。

IV 保護法理構築の方向性

1 検討の土台

ここまでの議論を整理すると，①ファンドを含めた株主行動の多くは，社会的にはともかく法的にはその大半が一応は合法的範囲内に留まっていると思われること，②そうである以上，仮にアメリカ型ガバナンス論の立場に立たないとしても，株主権ないし株主行動をある程度前提としたうえでの立論が不可避であること，③実際に株主行動が労働法的な問題になるケースは必ずしも多くはないが，特に労組法上の使用者性に関しては「親会社」のケース以上に困難な問題がある，といったことが挙げられる。以下，主にファンドによる買収を念頭においてではあるが，2つの方向性について検討していくこととする。

2 株主行動に対する制限法理の構築

まず1つ目は，「ファンドの株主行動そのものに何らかの制限を課す」という視点が考えられよう。以下，解釈論・立法論に分けて検討する。

(1) 解釈論的アプローチ

ファンドの株主行動の多くが必ずしも違法ではないとすると，1つには，権利濫用論的構成というアプローチが考えられる。会社法学の世界でも，昭和30年代以降，総会屋等の特殊株主等についてではあるが「株主の権利濫用」ということがしばしば論じられていることからすると[20]，「株主行動がスタンダードに」という時代の流れに沿って，このような議論をファンドにも敷衍していくことも不可能ではないであろう。とはいえ，会社法学がこのような場面で専らその保護法益として想定してきたのは，「比較的違法性が強く認識しやすい株主」の株主行動に対しての「他の株主」の権益であるため，明確に違法性を伴わない限りでのファンドの株主行動についてこれを敷衍するには，さらに法理

---

[20] 竜田節「株主総会における議決権ないし多数決の濫用」末川先生古稀記念論文集刊行委員会編『権利の濫用（末川先生古稀記念）（中）』（有斐閣，1963年）126頁以下，荒谷裕子「株主権の濫用」判例タイムズ917号（1996年）30頁以下等参照。

シンポジウム（報告④）

論的に乗り越えなければならない部分があろうし，まして議決権行使の差止め等まで導きうる場合というのは，極めて限定的な範囲に留まらざるをえないであろう。

　もう1つは，株主主権論を前提としつつ，しかし株主価値実現のためにはステークホルダーとの共生が前提だという理解である。これは例えば，わが国の代表的な年金基金である企業年金連合会の「コーポレートガバナンス原則[21]」に見出すことができるし，アメリカ有数の公的年金基金である全米教職員退職年金基金（TIAA-CREF）も，コーポレートガバナンスの目的を株主の権利保護としつつ，一方で社会的責任にも配慮し，取締役会は，（そのために）投資家や従業員，顧客，取引先参加者との対話を進めるべきとしている[22]。

　これらはいわば「洗練された株主価値モデル」であり，近年の（少なくとも年金基金等の長期的視点に立った）投資家にはかなりこの考えが浸透してきていることから，株主権と労働者の権利とを調整する理念として注目される。会社法学においても，「株主全体の長期的利益」を「例外を伴う原則」として理解したうえで，（ステークホルダー等の）例外を含めて柔軟に運用することが社会との調和のうえで最善の選択であるとする見解があるが[23]，この考え方と比較的親和的な見解だと思われる。いわゆる従業員主権論やステークホルダー論に立ったとしても，正当な株主行動自体を否定する根拠となりえないのは明白である以上，このような理解は，理論的には比較的すっきりしているといえよう（このような理解は，憲法27条および28条等を根拠に，従業員を組織の「成員」として位置づけることでガバナンスへの関与を見出そうとする見解[24]や，従業員の協力なしに企業価値を高めることは不可能であるといった見解[25]とも必ずしも矛盾するものではない）。

---

21) 同原則では，「1．企業の目的」として，「企業の目的は，長期間にわたり株主価値の最大化を図ることにある」としながら，「株主価値の最大化は，従業員……等の利益と矛盾するものではなく，これらのステークホルダーとの良好な協力関係の確立によって達成できるものである」としている。
22) TIAA-CREF, POLICY STATEMENT ON CORPORATE GOVERNANCE【2007】p28.
23) 大杉謙一「アメリカのコーポレート・ガヴァナンス論・再論（下　その二・完）」東京都立大学法学会雑誌45巻1号（2004年）127頁参照。
24) 石田眞「労働市場と企業組織」・前掲注6）書20頁参照。

ちなみにアメリカにおいても，多くの州会社法は取締役の義務として株主以外の利害関係者（従業員等）の利益を検討することが含まれているとされる。[26]

もちろん，これ自体は，短期的に株主と従業員等との利益衝突が生じた場合の明確な処方箋を示してはいないし，それ以上の従業員の権限を，コーポレート・ガバナンスの世界で直接認めるのが困難，という課題は残されているが，この解釈に従えば，例えば経営者が，株主配当よりも従業員配分を優先したければ，株主に対して「それが株主利益にも資する」ということをきちんと説明できれば（逆に説明することで初めて）許容されるということになろう。

(2) 立法論的アプローチ

立法論としては，ファンド活動に何らかの立法規制をかけるということが考えられる。現行のわが国の制度でも，金商法上の大量保有報告書制度には「保有目的」（純投資，政策投資等）を記載する必要があるが，例えばこれが「重要提案行為等を行う」目的である場合には一定の開示説明義務を課すとか，株主権行使に伴い一定の情報開示や説明義務を課すといったことが考えられないわけではない。ただし，このような法的規制は，実効面の困難さもさることながら，海外からの投資資金の引上げ等を懸念する経済界・金融界からの猛反発が予想され，現実的な対応とはいいがたいところである。

なお，そこまで具体的ではないものの，イギリスの2006年会社法§172(1)では，取締役の基本的義務を株主の利益のためとしつつ，その目的達成の過程では，従業員，取引先，顧客，地域社会や環境に配慮することとされている。[27] 必ずしもこの条文をもって労働者の解雇等への配慮を直接導きうるとは考えられていないようだが，注目に値する動向だといえよう。

3 株主行動に対する，労働者・労働組合保護法理の構築

これらとは逆に，実際に株主行動の影響を「受ける側（労働者や労働組合）」

---

25) 島田陽一「労働法と企業」・前掲注6）書45頁参照。
26) 日本投資環境研究所「コーポレート・ガバナンスに関する調査研究」（2007年）25頁によると，ミネソタ州他30州の会社法が規定しているとのことである。
27) これが啓蒙的株主価値（Enlightened Shareholder Value）を高めるとの考えが背景にあるようである。前掲注26)51頁参照。

についての何らかの保護法理を構築することで，株主行動によって生じる不測の不利益をできるだけ回避しようというアプローチも考えられる。

(1) 解釈論的アプローチ

現行の会社法・金商法はいずれも労働者・労働組合を念頭にはおいていないが，先述の「洗練された株主価値モデル」あるいはステークホルダー論等を高めて，解釈上，労働者等への配慮義務等を導くというアプローチも考えられなくはない。ただし，その規範的根拠をどこに見出すのかは必ずしも明白ではないし，さらにそこから買収時の労働者・労働組合等との協議義務や説明義務等までをも解釈で導くのは，法理論的には限界があるといわざるをえない。

なお，「支配あるところに責任あり」[28]という会社法の基本原理から，仮にそのような側面（つまり「所有者」たる株主が「支配（＝経営）」に強く関与するような段階）になった場合には何らかのステークホルダーに対する責務が発生する，という構成も不可能ではないであろう。とはいえ，現行の経営陣に対してそのような責務を法的に見出しがたい中で，ファンドの場合のみそれを課すことができるのかについては，より踏み込んだ検討が求められよう。このように考えると，実務的には，労働者や労働組合としては，2(1)で論じたような，経営者の説明責任の履行を求めていく方法の方がより現実的ではないかと思われる。

(2) 立法論的アプローチ

立法論としては，例えば買収時の労働条件等への配慮義務や，あるいは組合との交渉義務などの創設が考えられ，この点はあまり知られていないが，買収行為自体はかなり自由に認められている米国でも，州会社法レベルで，具体的には従業員等への一定の金銭の支払いや，労働組合との協議等を義務付けているところもある[29]。わが国でも，例えば労働契約承継法を昇華させるような形での立法的手当はできなくはないであろう。

---

28) 土田道夫「純粋持株会社と労働法上の諸問題」日本労働研究雑誌451号（1997年）7頁参照。
29) 太田洋・今井英次郎「米国各州における企業買収規制立法の最新状況（下）」商事法務1723号（2005年）43頁参照。

V まとめにかえて

　最後に，ファンドの労組法上の使用者性の問題について若干付言しておく。いうまでもなく，いわゆる朝日放送事件（最判平 7・2・28 労判 668 号 11 頁）のロジック（支配決定論）を使用者性判断に機械的に当てはめる限りは，ファンドのように，労働条件決定主体でないどころか，場合によっては「株主」ですらない存在に使用者性が認められる余地は，前述したように極めて困難であろう。この点に関する問題性は既に多くの論者が指摘するところであり改めて繰り返さないが[30]，労働基本権の趣旨に立ち返れば，（労働条件に連動しうる）経営事項を実質的に支配しており，かつ，労働関係について，不当労働行為救済制度の適用を必要とする程度の支配力・影響力をもっていれば[31]，少なくともその労働条件（特に雇用問題か）に関する事項については団交における使用者該当性を認めるべきであろう[32]。もっともファンドの場合，前述の通り親会社とは異なる特性をもつことから，その判断基準については，若干異なる視座が必要な面もある。例えば，**表1**のような要素が，実体的な判断に際しては参考となりえよう。

　ところで，2008 年秋以降の世界的金融危機は，「欧米の実体経済から離れた金融資本主義あるいは拝金主義がほころびを見せ始めた[33]」ともいわれるほどであり，従来の資産運用理論やコーポレート・ガバナンス論が所与のものとしてきた「常識」をすら脅かしている。しかしながらこのような時代の変化を踏まえても，企業システムが今後も激動の波にさらされていくことは変わりないであろうし，「物言う株主」の行動は，今後も活発化こそすれ衰退することは恐

---

30) 宮里邦雄「投資ファンドによる企業買収と投資ファンドの使用者性について」労旬 1631 号（2006 年）6 頁以下，米津孝司「三陸ハーネス株式会社の工場閉鎖に伴う不当労働行為救済申立に関する意見」労旬 1659 号（2007 年）42 頁以下等。解釈論から批判を展開するものとして本久洋一「企業買収と労組法上の使用者性」労旬 1631 号（2006 年）14 頁以下。
31) これは，子会社および孫会社に対する親会社の使用者性を肯定した住友電装・三陸ハーネス事件（宮城県労委命令　2007.6.12）が示した基準にも適合しよう。また西谷敏『労働組合法〔第 2 版〕』（有斐閣，2006 年）150 頁も参照。
32) 道幸哲也「親会社の団交応諾義務」季刊労働法 216 号（2007）177 頁参照。
33) 長島徹「帝人のコーポレート・ガバナンス」月刊監査役 549 号（2008 年）9 頁参照。

シンポジウム（報告④）

表 1

〔絶対的な要素〕
● 契約上の使用者に対する団体交渉だけでは不十分であること

〔相対的な要素〕⇒総合判断
● 株式保有割合が高い（株式は保有していなくても，債券等を大量に保有しているなど，当該ファンドからの援助が会社維持にかなり重要な要素となっている）
● 役員の派遣がある（役員派遣はなくとも，ファンド（あるいはファンド運営会社）の人間が経営執行サイドやアドバイザリーボード等に入っている）
● 経営への実際の関与があるか
　　経営計画の提出を求める等に留まらず，具体的な経営執行計画に口出ししているケース，ファンドからの直接関与ではなくても，そのGP（無限責任社員）になっているケースや投資顧問契約を結んでいる運営会社が事実上全ての判断を決定しているケースなど
● ファンドの株主議決権等の実際の行使状況
● 当該ファンドの過去の買収事案における経営への関与度合い
● 保有後の労働条件変化の状況

らく無いであろう。そうであるならば，少なくとも，株主ないし株主行動をアプリオリに拒否するのではなく，ある程度類型化し，法的に評価していくという作業は，「法的には一応是認される可能性は高いが，何らかの形で労働問題につながりうる」といった株主行動に対して，労働法学の視点から何をいえるか，ということを考えていく上ではやはり一定の意義があるのではないだろうか。本稿がそのような試みにどこまで成功しているかは疑わしいが，今後の検討の一助となれば幸いである。

（かわい　るい）

倒産法制における労働者代表関与の意義と課題

新 谷 眞 人

(日本大学)

I 金融危機の時代における倒産と労働者代表の役割

1 近年の倒産状況

21世紀に入ってグローバル化，多国籍化，金融化市場経済が進行し，企業倒産が日常化している。最近でも企業倒産は増加しており，2007年は「法人・その他」破産受件数が9365件と前年に引き続き2年連続で増加し，2002年以来5年ぶりに9000件を上回った。また通常再生事件も2007年に6年ぶりに増加に転じ654件（対前年比56件，約9.4％増）となった[1]。2008年9月には，アメリカの証券会社リーマン・ブラザーズの経営破綻を契機として世界的な金融危機が広がり，わが国でも2009年2月時点で2008年度の上場企業倒産が累計42件に達し，2002年度を上回って年次ベースで戦後最悪を記録しつつある[2]。

2 倒産の集団的処理と労働者代表

清算型であれ再生型であれ，倒産が労働者生活に与える影響の重大さに変わりはない。この点を重視して，近年の倒産4法（破産法，民事再生法，会社更生法，会社法の特別清算）の改革では，労働組合等の関与が大幅に拡大された。かつて「労働法とはおよそ縁もゆかりもない独立王国」[3]といわれた倒産法制において，倒産時には，労使関係においても集団的処理の重要性が法的に承認され

---

1) 吉浦俊輔・松井了平「平成19年における倒産事件申立ての概況」NBL 881号（2008年）82頁。
2) 朝日新聞2009年3月10日付朝刊。
3) 清水洋二「企業倒産と労働法（下）」労判281号（1977年）21頁。

たといえる。

　本稿では，倒産4法で「労働組合等」といわれているものを「労働者代表」とよぶことにする。過半数組合が存在する場合にはその労働組合が労働者代表となって集団的労使関係を形成する。しかし，それが存在しない場合であっても，選出された労働者の代表者は，全従業員を集団的に代表するものとして機能し，かつその役割を果たす。したがって，新たな倒産法制においては，いずれの場合であっても労働者代表の存在が必要となる。

3　集団的倒産処理システムの構築

　本稿は，倒産法制における労働者代表の関与のあり方に焦点をあてて，労働法学の立場から現行倒産法制の意義と課題を検討するものである。倒産法制に新たに盛り込まれた労働者代表の関与のあり方は，労働法の観点からは，なお不十分な点が多い。

　労働者代表は，労働条件の維持および雇用の確保のために，企業倒産に至る前から日常的に企業システム全体をモニタリングして参加・発言を行うべきである。また企業倒産，事業再生のプロセスにおいても，情報提供と協議に関し労働者代表の関与を十分に組み込んだ集団的倒産処理システムの構築が求められている。なお，私的整理については，法的整理の応用領域ととらえることが可能であり，本稿では検討対象から除外する。

---

4) 「労働組合等」とは「破産者の使用人その他の従業者の過半数で組織する労働組合があるときはその労働組合，破産者の使用人その他の従業者の過半数で組織する労働組合がないときは破産者の使用人その他の従業者の過半数を代表する者をいう」とされる（破32条3項4号。このほか民再24条の2，会更46条3項3号，会社896条2項。なお会更22条に更正手続開始前会社の過半数代表に関する規定がある）。過半数代表者は1人とは限らず，また労働組合に代わる存在として位置づけられているのであるから，そのような労働者代表も集団的労使関係の当事者と解される。
5) 　企業統治論からの労働者によるモニタリングの重要性については，毛塚勝利「企業統治と労使関係システム——ステークホルダー民主主義論からの労使関係の再構築」石田眞・大塚直編『労働と環境（早稲田大学21世紀COE叢書企業社会の変容と法創造第6巻）』（日本評論社，2008年）47頁。
6) 　私的整理については，私的整理に関するガイドライン研究会事務局「私的整理に関するガイドラインの概要」金融法務事情1623号（2001年）6頁，高木新二郎「私的整理の過去・現在・将来」高木新二郎・伊藤眞編集代表『講座・倒産の法システム第4巻倒産手続におけ

II　企業システムの変容と倒産法制の改革

1　戦　　前
(1)　旧商法第3編「破産」

　江戸時代からの「身代限」「分散」という前近代的な破産制度を脱却し，わが国倒産処理制度の基盤をつくったのが旧商法第3編「破産」である（1890年）。これはフランス商法を基調として商人破産主義をとっている。商人といっても，当時は個人破産が中心であり，会社破産はまだ少なかった。なお，商人以外については家資分散法（同年）が定められた。

(2)　破産法，和議法

　倒産法制上，一大転機を迎えたのが破産法と和議法の制定である（1922年公布，1923年施行）。破産法は，ドイツ破産法の影響を受けて，商人破産主義から一般破産主義へと移行した。和議法は，オーストリア和議法を参考にしたといわれる。当時は私的整理が支配的であり，破産を回避して和議すなわち和解の手続を法的制度として用意することによって，私的整理を補完することが和議法の目的であった。いいかえると，和議法はかならずしも会社再生を目的とするものではなかった。

(3)　商法改正

　株式会社の倒産法制が明確に意識されたのが1938年の商法改正である。このときに会社整理および特別清算制度が設けられた。これらはイギリス法を参考にしたといわれる。会社整理は，会社が破産に至るまでに再生できるものならば再生させることを狙いとして，担保権実行の中止命令などを規定した。また特別清算は，破産を回避しつつ公正な清算を実現することに主眼があった。当時は世界大恐慌（1929年）から10年も経たない時期であり，倒産法制もこのような経済情勢に対応する必要があったものである。

る新たな問題・特殊倒産手続』（日本評論社，2006年）29頁，多比羅誠・須藤英章・瀬戸英雄「私的整理ガイドライン等から会社更生への移行」NBL 886号（2008年）7頁，難波孝一「『私的整理ガイドライン等から会社更生への移行』に対する検討」同12頁。

シンポジウム（報告⑤）

戦前期の倒産法制は，資本主義の展開に応じてそのつど修正はなされたものの，概して企業システム自体が未成熟であり，ましてや労働者代表の関与という発想はまったくみられなかった。

2 戦　後
(1) 会社更生法

戦後わが国の経済復興に大きな役割を果たしたのが，会社更生法の制定である（1952年）。これは世界大恐慌の教訓をふまえたアメリカ連邦倒産法の影響を受けたもので，企業維持・企業再生の思想を明確に打ち出しわが国に定着させたものとして重要である。この中で，更生計画案に関する労働組合等の意見聴取義務（195条，現行法188条）がはじめて盛り込まれたことは注目される[7]。会社更生法は，1970年代の二度のオイルショックを乗り越えて，大規模株式会社の倒産処理に寄与してきたと評価されている。

(2) 平成期の改革

1990年以後のバブルの崩壊とその後の平成不況およびこれと同時並行的に進行したグローバル経済化と金融ビッグバンのなかで，従来の倒産法制も改革を迫られることとなった。とくに再生型手続における基本的なポリシーの変革が図られた。それは，債権者・債務者協議型を基調とする企業再生をめざすものであった。

政府は1996年から法務省法制審議会倒産法部会において倒産法制の見直しを開始し，まず民事再生法が制定された（1999年12月22日公布，2000年4月1日施行）。これに伴い，和議法は廃止された。続いて会社更生法が全面改正され，

---

7) 旧会社更生法195条「裁判所は，更生計画案について，会社の使用人の過半数で組織する労働組合があるときは，その労働組合，会社の使用人の過半数で組織する労働組合がないときは，会社の使用人の過半数を代表する者の意見を聞かなければならない」。最高裁判所事務総局民事局は，本条の趣旨について次のように説明している。「本条は，更生計画案が，会社の使用人に重大な関係を持つものである点を考慮して，その組織する労働組合等の意見を聞かなければならないこととしたものである。参照労働基準法第90条」（位野木益雄編著『会社更生法(2)昭和27年』日本立法資料全集48巻（信山社，1995年）405頁。労働法からみた本条その他関連条項の問題点については，山本博「企業倒産と労働者の権利保護」季労55号（1965年）196頁，清水・前掲注3）9頁。

新会社更生法として制定された（2002年12月13日公布，2003年4月1日施行）。これにより更正手続の迅速化，合理化，再生手法の強化が図られた。

さらに従来の破産法が廃止され，新破産法として制定・施行された（2004年6月2日公布，2005年1月1日施行）。主な変更点としては，労働債権の一部財団債権化など債権の優先順位の見直し，破産手続の柔軟化等があげられる[8]。最後に，倒産法制見直しの集大成として会社法が制定された（2005年7月26日公布，2006年5月1日施行）。これにより旧商法中の特別清算が改正されて新会社法に組み込まれると同時に，従来の会社整理制度は廃止された[9]。

これらの近年の倒産法制の改革において，次にみるように，それまでわずかに旧会社更生法にみられた労働者代表の意見聴取等の関与が大幅に拡大された。それは，倒産とくに再生型倒産において，労働者代表の協力が不可欠との認識に基づくものといえよう[10]。

III 倒産法制における労働者代表の関与

1 集団的関与の重要性

倒産処理手続への労働者の関与としては，①破産債権者，更正債権者等の「債権者」としての個別的関与，②財団債権者，共益債権者等の「利害関係人」としての個別的関与，③労働者代表としての集団的関与とに分けて考えることができる。しかし，上記①②の個別的関与も労働者代表を通じて行動することが可能であり，むしろそのほうが現実的かつ合理的と考えられる。このように，倒産処理手続における労働者の関与としては，労働者代表による集団的な関与が重要な意義をもつ。以下，清算型と再生型に分けて考察する。どちらも，

---

8) 小川秀樹「新破産法の特徴」山本克己・山本和彦・瀬戸英雄編『新破産法の理論と実務』（判例タイムズ社，2008年）7頁。
9) 以上IIの記述は，加藤哲夫『企業倒産処理法制における基本的諸相』（成文堂，2007年）262頁以下，伊藤眞『破産法・民事再生法』（有斐閣，2007年）43頁以下を参照した。
10) 2004年5月21日の衆議院法務委員会における附帯決議では「労働組合等の破産手続への積極的関与」を図ることが求められている（小川秀樹「破産法等の改正の経緯」ジュリ1273号〔2004年〕6頁）。

シンポジウム（報告⑤）

労働者代表への情報提供と労使の協議が重要な要素となる。

2 清算型倒産

(1) 破産手続

清算型倒産を規制するのは，破産法と会社法の特別清算である。

破産法では，労働者代表の関与として，①裁判所による労働組合等への破産手続開始決定の通知（32条3項4号），②裁判所による営業譲渡についての意見聴取（78条4項），③裁判所による債権者集会期日の通知（136条3項）が規定されている。このほか個別的関与として，①利害関係人として文書の閲覧謄写請求権（11条），②破産債権である給料・退職金の請求権を有する者への管財人の情報提供努力義務（86条）がある。

(2) 特別清算

特別清算（会社法510条以下）における労働者代表の関与は，裁判所による事業の全部または一部の譲渡の許可に際しての労働組合等への意見聴取があるだけである（896条2項）。個別的関与として，①一般の先取特権を有する者（労働者）の債権者集会への出席と意見陳述（559条2号），②一般の先取特権を有する者（労働者）の協定案の作成への参加がある。ただし，これは清算株式会社が必要と認めるときだけとされている（566条2号）。

3 再生型倒産

(1) 申立て段階での意見聴取

再生型倒産手続を規制するのは，民事再生法と会社更生法である。民事再生は DIP 型（debtor in possession）といわれ，再生債務者がそのまま経営を継続できる点に特色がある。これに対し会社更生は，旧経営陣は退陣して更正管財人が選出され，裁判所による監督を受ける。これらの再生型においては，清算型よりも幅広い労働者代表の関与が認められている。

再生型において特徴的なのは，手続開始の申立てがあった段階で労働者代表の意見を聴取しなければならないとされていることである（民再24条の2，会更22条1項）。破産手続から再生・更正手続への移行の申立てについても同様であ

る（民再246条3項，会更246条3項）。

(2)　労働者代表の意見陳述など

再生型にのみ認められている制度として，①財産状況報告集会における労働組合等の意見陳述（民再126条3項，会更85条3項），②再生・更生計画案に関する意見聴取（民再168条，会更188条），③再生・更生計画を認可すべきかどうかについての裁判所に対する意見陳述（民再174条3項，会更199条5項），④再生・更生計画の認可・不認可の決定の通知（民再174条5項，会更199条7項）がある。このほか，民事再生法に特有のものとして，再生債務者による簡易再生申立ての通知（211条2項）および簡易再生の債権者集会期日の通知（212条3項）がある。また，会社更生法に特有のものとして，財産状況報告集会が召集されない場合の管財人の選任についての意見陳述の機会付与（85条4項）がある。

個別的関与としては，民事再生法において利害関係人は，裁判所に対し，①監督委員が特定の行為に対し否認権を行使するよう申し立てることができる（56条1項）。また，②監督委員の解任申立てができる（57条2項）。

IV　労働法からみた倒産法制改革の意義と問題点

1　意　義

(1)　労働者代表機能の拡大

前述のように，近時の倒産法制の改革は，債権者・債務者協議型を基調とする倒産処理システムの確立をめざしたものである。この立法趣旨を生かすためには，重要な利害関係人である労働者との権利関係の調整と労働者代表の協力が必要不可欠である。[11] 倒産法制の中に労働者代表の関与が盛り込まれたことの意義は2つある。

第1に，倒産処理にあっては，清算型であれ再生型であれ，労働者集団の存在とその統一的な意思を無視することはできないということが明確になった点である。つまり，倒産プロセスにおいては，集団的労使関係の側面を重視すべ

---

11)　伊藤・前掲注9）書636頁。

きことが明らかにされたといってよい。

第2に，集団的倒産処理の主人公として，労働者代表がクローズアップされたことである。従来，労働者代表といえば労基法の過半数代表制をはじめとする労働法領域の専売特許であった。しかし，いまや倒産法というまったく別の法領域にまで労働者代表の機能と役割が拡大されたことになる。

倒産法制によれば，この労働者代表は，当該企業に労働組合が存在しない場合はもとより，過半数に満たない労働組合が存在または複数併存する場合にも選出されなければならない。このように，労働者代表は既存の労働組合と連携・協調行動をとりながら，倒産手続において独自の機能と役割を果たすことが期待されているといえよう。

(2) 倒産法の理念・目的と労働者代表の関与

一般に，倒産法の指導理念は，公平・平等・衡平の理念と手続保障の理念の2つがあるとされている[12]。また，倒産法の制度目的は「債権者の集団的満足を最大化させること」にある[13]。このことから，2つの点を指摘できる。

1つは，倒産処理の簡易迅速性は，かならずしも倒産法全体の共通理念とはいえないということである。倒産手続に労働者代表が関与することによって，簡易迅速な倒産処理が損なわれるのではないかとの懸念が生じるが，労働者代表の関与は，倒産法の公平・平等・衡平の理念と手続保障の理念を実現するために必要な制度であって，これを犠牲にして簡易迅速性を優先するべきではない。再生型倒産の場合はたしかに簡易迅速性が求められるが，民事再生法ではかえって多種多様な労働者代表の関与が認められている。これは，労働者代表の関与をルール化し，その協力を求めることによってスムーズな事業再生を期待していると解される。「急がば回れ」の発想といえよう。

2つ目は，債権者の集団的満足という倒産法の制度目的からして，倒産処理は基本的に集団的側面を有していることが指摘できる。労働者集団もまた倒産企業の利害関係人である。このことからも，労働者代表による倒産手続への関

---

12) 伊藤・前掲注9)書12頁，山本和彦・中西正・笠井正俊・沖野眞已・水元宏典『倒産法概説』（弘文堂，2006年）4頁（水元執筆部分）。
13) 山本和彦ほか・前掲注12)書6頁（水元執筆部分）。

与・発言権が，異論なく肯定されよう。

2　問　題　点

しかしながら，労働法学の立場からは，労働者代表の関与という点で倒産法制はけっして十分なものとはいえない。

第1に，労働者代表の関与の重要性が法的に承認されたことは疑いないものの，その位置づけはいまだ消極的な態度にとどまっているようにみえることである。倒産処理を最優先し，労働者代表の関与は最小限にとどめるということであろうか。このことは何よりも，倒産4法における労働者代表の主体が，会社法上の概念である「使用人」であって，労働法上の「労働者」概念が用いられていないことに典型的に現れている[14]。総じて労使が対等の立場で倒産処理にあたっていくという姿勢が希薄であり，労働者代表は相対的に低い地位しか与えられていないといわざるをえない。

第2に，法文上「労働組合等」といわれる労働者代表機関の実体が不明確である。法形式上は，旧会社更生法195条の過半数代表を受け継いだものと思われるが，旧法も現行法も労働者代表の選出単位が事業場なのか企業全体かあいまいであり，選出方法に関する規定もない。また，そもそも倒産処理への労働者の関与として，労働基準法モデルによる過半数代表制が適切なのかという問題がある。

第3に，労働者代表への通知，意見聴取，意見陳述というだけでは，労働者代表の関与の程度としてはなお不十分である。これらの手続は，主として裁判所に対して行われるものであって，倒産というダイナミックな労使関係において，どれだけ現実的な意味があるのか疑問である。労働者代表が倒産手続に関

---

[14]　「労働組合等」の選出母体とされるのは「使用人その他の従業者」（破32条3項4号，民再24条の2，会社896条2項）または「使用人」（会更46条3項3号）である。使用人とは，通常は雇用関係にある者で従業員とほぼ同義であるが，それ以外でも指揮命令関係にあれば使用人とされる。また，本店または支店の事業の主任者である支配人も，使用人に含まれる（神田秀樹『会社法〔第10版〕』（弘文堂，2008年）13-14頁。「使用人」「従業者」等の倒産諸法における用語は，「使用者」「事業主」「労働者」等の労働法上の用語に統一するべきであろう（池田辰夫「企業倒産における労働者の地位と労働債権」ジュリ1111号〔1997年〕144頁）。

シンポジウム（報告⑤）

与することによって，労働者集団の利害がどのように生かされ反映されるのか不透明であり，実効性の保障もない。[15]

V　今後の労働者代表関与のあり方

1　労働者代表関与の規範的根拠

労働者代表は，倒産プロセスにおいて2つの点で利害関係を有する。1つは労働債権の確保であり，もう1つは雇用の確保である。[16] 労働債権は，商品取引上の債権とは異なり，人間の生活・生存に直接影響を及ぼすという性質をもっている。この意味で労働者代表は，生活への影響を直接こうむる利害関係人として，倒産処理プロセスにおいて企業組織の一員としての成員権を有し，積極的な発言・関与権が承認されるべき地位にあるといえる。

労働者代表の成員権および発言・関与権が承認される規範的根拠は，憲法上の人間の尊厳（13条）を頂点とする生存権保障（25条）および労働権の保障（27条）に求めることができよう。さらに労働組合が労働者代表としての役割を果たしている場合には，憲法28条の団結権保障を加えることができる。これらの権利は「立法その他の国政の上で，最大の尊重を必要とする」（憲法13条）とされていることも忘れてはならない。

近年の倒産法制の改変において，これまでになく労働者代表の関与が規定されたのも，倒産処理手続における社会的正義の実現という観点から，[17] 労働者の雇用と生活を維持するために労働者代表の協力が必要不可欠なものと考えられ

---

15) 筆者の知見によれば，破産手続等開始の申立て書にある労働者代表の住所，氏名等の記載事項は，実務上は形式的なものにすぎない。労働者代表への通知といっても，裁判所が直接通知するのではなく，管財人等に文書を手渡して通知を依頼するとのことである。意見聴取もしばしば行われないことがある。裁判所が労働者代表の存在を確認することはなく，倒産諸法の関与規定は，たんに労働者代表に関与の機会を提供したにすぎないというスタンスがとられているのが現実である。

16) 塚原英治「企業倒産と労働者の権利」講座21世紀の労働法第4巻『労働契約』（有斐閣，2000年）295頁。

17) 倒産法が平時実体法秩序を修正・変更することの正当性は「公正な損失分配ないし社会的正義」に求められることにつき，山本和彦ほか・前掲注12)書11頁（水元執筆部分）。

たからにほかならない。これは、倒産法が憲法の人間の尊厳の理念を尊重したことの現われとして評価できよう。いまや、労働者代表は、使用者の企業廃止、会社解散、営業譲渡の自由に対し異議を申し立てる地位が与えられたというべきである。これまでの企業廃止の自由を最優先する判例法理は見直しを迫られているといえよう。[18]

2 労働者代表への情報提供と協議権の保障

(1) EU、ドイツの考え方

労働者代表の関与の内容として重要なのは、使用者、管財人等からの情報提供と労使協議である。EUおよびドイツでは、平常時および倒産時における労働者代表の情報提供請求権と協議権 (the right to information and to consultation of employee) が重視される。[19]

たとえば、EU企業譲渡指令は、譲渡人および譲受人に対し、労働者代表に次の情報を提供するよう義務づけている。[20] ①譲渡の日または予定日、②譲渡の理由、③被用者にとっての譲渡の法的・経済的・社会的意味 (implications)、④被用者との関係で想定されているすべての措置。

これらの情報は、譲渡人については譲渡実施前の適切な時期に、譲受人については労働者が譲渡によって直接に影響を受ける前の適切な時期およびあらゆる機会に提供されなければならない（7条1項）。また協議権も、たんなる話合いではなく、合意を目的とした (with a view to reaching an agreement) 協議を意味する（2項）。

ドイツでも、日常的に企業全体の経営状況が労働者代表に報告され、労働者

---

[18] 会社解散関連判例を分析したものとして、菅野和夫「会社解散と雇用関係——事業廃止解散と事業譲渡解散」山口古稀『友愛と法』（信山社、2007年）129頁。

[19] EU一般労使協議指令4条、集団整理解雇指令2条、企業譲渡指令7条など。訳文は、小宮文人・濱口桂一郎訳『EU労働法全書』（旬報社、2005年）参照。

[20] EU企業譲渡指令は、清算型倒産には適用されないが、再生型には適用されると解されている（荒木尚志「EUにおける企業の合併・譲渡と労働法上の諸問題——企業譲渡指令にみるEC労働法の一側面」北村一郎編『現代ヨーロッパ法の展望』〔東京大学出版会、1998年〕81頁、97頁）、水野圭子「EUにおける企業組織変動——欧州司法裁判所判決にみる経済的一体の発展」季労222号（2008年）105頁。

に関する重要事項は共同決定される（事業所組織法81条以下，とくに111条以下）。倒産時は協議や仲裁手続が簡略化され，迅速な倒産処理が優先される。たとえば，倒産時の事業所の変更につき，破産管財人と事業所委員会との利益調整または社会計画に関する合意が成立しない場合には，仲裁委員会の手続より州労働局長の斡旋が優先される（ドイツ倒産法121条）。また，破産管財人と事業所委員会との利益調整が3週間以内に成立しない場合は，破産管財人は労働裁判所の同意を得て事業所変更を実施することができる（122条1項）。しかしこの場合でも，情報提供と協議が重視されることに変わりはない。[21]

(2) 情報提供

情報提供の点では，わが国では，労働者に倒産状態にあることを知らせず，また事前協議条項があっても無視する使用者が少なくない。[22] したがって，労働者代表への日常的な経営情報の提供と労働者代表による企業のモニタリングが重要である。EU法のように，事前の適切な時期における情報提供を使用者に義務づけるべきであろう。[23]

わが国の倒産4法においては，諸手続開始の申立て後に，開始決定および債権者集会期日等に関する裁判所による通知が定められている。しかしこれは，たんなる期日の通知にとどまるうえ，清算型と再生型でばらつきがある。両者とも全プロセスの中で必要な通知および情報提供を定めるべきであろう。破産法における破産管財人の情報提供努力義務規定（86条）も，提供すべき情報の内容に関する規定がおかれておらず，かつ努力義務にとどまる限りでなお不十分である。

---

21) 高橋賢司「ドイツ法における事業承継と企業再編法」季労222号（2008年）82頁，吉野正三郎『ドイツ倒産法入門』（成文堂，2007年）119頁以下。
22) 事前協議約款を無視した解雇が不当労働行為とされたケースは，田中機械事件・大阪地労委昭62・8・18労判508号78頁要旨。会社が民事再生手続開始の申立てを労働組合にまったく知らせていなかったことが整理解雇の手続の妥当性を欠くと判断したものに，山田紡績事件・名古屋高判平18・1・17労判909号5頁。
23) 労使の頻繁な情報交換は，労働者に事業再生の見通しを与え，モラルの低下を防ぐ役割がある。労働政策研究報告書No.97『事業再生過程における経営・人事管理と労使コミュニケーション』（労働政策研究・研修機構，2007年）54頁，JILPT調査シリーズNo.45「事業再生過程における経営・人事管理と労使コミュニケーション――事業再生に関わる実務家からのヒアリング記録」（労働政策研究・研修機構HP，2008年）25頁。

(3) 協 議 権

(a) 手続開始申立て以前

　労働者代表の協議権については、現行倒産法制はまったく配慮されていないというほかはない。労働者代表に関する意見聴取や意見陳述は裁判所に対して行うものとされており、およそ労使協議とは程遠い[24]。

　破産等の手続開始の申立てが行われてから労働者代表の意見を聴取しても遅い。少なくとも手続開始申立て前の実質的危機時期といわれる段階から、労働者代表との事前協議を義務づけるべきである[25]。

　一般に事前協議条項は「会社は、事業の拡大、縮小、閉鎖あるいは機構の改廃等組合員の身分に重大な影響を及ぼす場合は、会社の方針に関しあらかじめ組合と協議する」と定められることが多い。その趣旨は、労働者にとって重大な利害関係のある事項を使用者が決定しようとするに際し、労働組合の関与を認め、その判断をも反映させることにより、使用者の恣意を排除し、労働者の身分の保護を図ろうとするところにある。この事前協議は、たんなる形式的な説明や意見交換ではなく、実質的かつ誠実に行われる必要があり、労使双方に合意形成の努力が求められる[26]。

　労働契約承継法では、3つの事前手続が規定されている。すなわち、①労働者代表との協議の努力義務（7条、施行規則4条）、②個別労働者の異議申立て（「5条協議」）、③労働組合等への分割通知義務（2条）がそれである[27]。倒産となれば、事態はより深刻であるから、労働契約承継法のアナロジーとして、使用者は、遅くとも破産にあっては実質的危機時期、民事再生にあっては破産原因前兆事実ないし事業継続危殆事実が認められる時期には、労働者代表ないし個別労働者に対して事前の情報提供および協議をすべき信義則上の義務があると

24）　清水・前掲注3）9頁。
25）　UIゼンセン同盟の「合理化対策四原則」でも、真っ先に事前協議体制の確立が掲げられている（逢見直人「リストラと労働組合」手塚和彰・中窪裕也編集代表『変貌する労働と社会システム』〔信山社、2008年〕117頁）。
26）　東京金属ほか1社（解雇仮処分）事件・水戸地下妻支決平15・6・16労判855号70頁。
27）　土田道夫『労働契約法』（有斐閣、2008年）534頁、道幸哲也「企業組織再編と労使関係法」石田眞・大塚直編『労働と環境（早稲田大学21世紀COE叢書企業社会の変容と法創造第6巻）』（日本評論社、2008年）103頁。

シンポジウム（報告⑤）

解すべきであろう。

　(b)　手続開始の申立て以後

　破産手続等の申立て後は，労働者代表が直接債務者会社ないし管財人を相手に協議・交渉できるシステムが必要である。解釈論としては，破産管財人は雇用関係の管理処分権を有しているのであるから，使用者としての地位が認められ，その権限の範囲内で団交応諾義務を負うと考えられる。[28]とはいえ将来的には，親会社の協議・交渉義務も含めて立法的にルール化するのが望ましい。[29]労働者代表への情報提供と協議のシステムを整備することにより，企業倒産プロセスで発生する賃金や解雇をめぐる労使紛争は，相当程度回避できるものと思われる。[30]

　なお，労働協約としての事前協議条項は，民事再生および会社更生手続においては双方未履行双務契約に関する契約の解除規定の適用が除外されているが（民再49条3項，会更61条3項），破産手続においては同様の規定がなく，解約される可能性がある。しかし，労働者代表の関与を認めた法の趣旨から，破産手続においても再生型と同様に，原則として事前協議条項の解約を認めるべきで

---

28)　谷口安平「破産管財人と団体交渉」法学論叢124巻5・6号（1989年）40頁，伊藤・前掲注9)書297頁。森井利和「企業倒産と労働債権——労働債権保護と実務上の問題点」労判768号（1999年）7頁，塚原・前掲注16)も参照。破産管財人を労組法上の使用者と認めたものとして，田中機械事件・大阪地労委昭59・9・14労判439号91頁。

29)　池田・前掲注14)144頁。

30)　事前協議条項違反を理由に損害賠償を認容ないし解雇無効としたものに，浅井運送事件・大阪地判平11・11・17労判786号56頁，東京金属ほか1社（解雇仮処分）事件・水戸地下妻支決・前掲注26)がある。更正手続開始申立ての前後から労使間で十分な協議・説明が行われていることから解雇を有効としたものに，東芝アンペックス事件・横浜地決昭58・1・28労判406号65頁，東北造船事件・仙台地決昭63・7・1労判526号38頁，同様に一部組合員および非組合員からの旧退職金規定に基づく請求を棄却したものに，更正会社日魯造船事件・仙台地判平2・10・15労民集41巻5号846頁，更正会社新潟鐵工所事件・東京地判平16・3・9労判875号33頁がある。布施自動車教習所事件・大阪高判昭59・3・30労判438号53頁は，真実解散の場合は事前協約款違反があっても会社解散・解雇は有効となるとしている。土田道夫・真嶋高博「倒産労働法の意義と課題」季労222号（2008年）146頁は，事前協議条項は倒産手続の有効性には影響を与えないとする。このほか近時の倒産判例については，日本労働弁護団編『現代労働裁判の実践と理論』（旬報社，2008年）252頁以下参照。ただし，倒産諸法における労働者代表関与規定が直接問題とされた事例は，まだ見当たらないようである。

はないであろう。労働協約は，市民法上の双務契約とは異なり社会自主法としての性格をもち，破産手続開始後も清算法人および破産管財人との関係で（破産35,36条参照）労働協約を存続させる実益が認められるからである。[31]

3 労働者代表法制の整備の必要性

労働者代表は，もはや労働法領域を超えて倒産法まで機能を拡大している。しかし現行の倒産諸法における「労働組合等」については，前述のように解釈上不明確な部分が多い。企業倒産に至らない時期から労働者代表の存在を明確に法認し，手続開始申立ての前に情報提供と協議の機会を設けるべきであろう。そのためには，単独立法としてまず労働者代表の選出手続，活動保障，労使協議事項などを一般的に定める必要がある。そのうえで清算型または再生型の倒産法制に対応して，労働者代表の関与・発言権をより充実させるように，労働法の立場から倒産法制の修正をめざすべきであろう。その際，労働組合法との調整は避けられない。たとえば，労働者代表の締結した労使協定の効力，協議の申入れから合意の成立までのルール，労働者代表による集団的活動の正当性等の困難な問題がある。しかし，これらはすべて今後の課題である。[32]

（あらや　まさと）

---

[31] 清水・前掲注3）13頁。破産法学の立場からも「協約の条項が円滑な管財事務遂行の妨げとならないことを労働組合が主張・立証すれば，解除権が否定される」と説かれる（伊藤・前掲注9）書298頁）。

[32] 労働者代表立法の必要性は，無組合企業の場合，少数組合が1つの場合および少数組合が複数併存する場合に顕著に現れよう。もちろん労働者代表の活動とは別に，少数組合の労働基本権は尊重されなければならない。外尾健一「労働者代表制度」季労222号（2008年）117頁参照。これに対し，労働者代表法制化に消極的な立場として，大内伸哉『労働者代表法制に関する研究』（有斐閣，2007）202頁以下，道幸哲也「解体か見直しか――労働組合法の行方（一）」季労221号（2008年）122頁。

企業の変化と労働法学の課題
——保護法益論を中心に——

米 津 孝 司

(中央大学)

I　はじめに

　グローバル化と情報化を基底要因として事業活動と法人格の分離，資本関係や取引関係を通じた支配従属を含む企業間ネットワーク化が進行し，この企業間ネットワークの直接的な影響の下に労働関係がおかれるという事態のなかで，様々な法的問題が生じている。労働法上「保護されるべき法益」は何かという観点から，法人格・契約・所有権という近代市民法の基礎原理に遡及し，近年における判例の新たな展開との視線往復のなかで，学会シンポジウムにおける他の報告で示される立法論や解釈論の基本スタンスを規範的に根拠づけること，これが本稿に与えられた課題である。

　所有権の主体である独立した法人格の担い手が自由意思に基づく契約を通じてその経済生活を形成してゆくことを法的に保障すること，すなわち人格の自律を基礎とする市場経済の制度的な保障として近代の市民法は形成された。この法人格・所有権・契約こそが，近代市民法の最も基本的な構成原理である。産業資本主義段階の労働法は，労働者保護の観点から近代市民法の原理を部分的に修正するという性格をもつものであった[1]。しかし今我々が経験しつつある「変化」は，この近代市民法原理の労働法による修正的変化をもたらした産業資本主義からの変化に伴うものであり，内外において「労働法の危機」が語られるような，「労働法それ自体の変化」であると同時に，従来とは異なる水準

---

1)　加古祐二郎「近代法体系の多元的構造に就いて」(1935年)『近代法の基礎構造』(日本評論社，1964年) 所収。

における近代市民法原理の質的変化・進化をも伴っている。そしてポスト産業資本主義の現れとしての「企業システムの変化」に伴に生じている労働関係上の様々な法的紛争，とりわけ労働契約上の当事者以外の第三者が関与する労働関係をめぐる法的問題のなかに，近代市民法の基礎的構成原理の変容の問題がより端的に現れている。

　90年代後半からのややミスリードされた感のある株主価値に傾いた企業ガバナンス論[2]とそれに基づく企業法制の改編は，労働法制の規制緩和とも相まって，日本型の雇用システムに大きな影響を及ぼしたが，それらの「改革」は，実のところグローバル金融資本にアンフェアーで過剰な利潤をもたらすばかりで，日本企業に求められている課題に適切に対応するものであったのかどうか，今後検証されてゆくことになろう。そして，企業の価値創造の源泉としての重要性が一層増しつつある人的資源[3]すなわち従業員・労働者が，合意を通じて企業のミッションにコミットし，使用者といかに信頼関係を構築してゆくのか，こうした課題を労働法学も意識せざるをえなくなってゆくように思われる[4]。

---

2) 「企業ガバナンスと労働法」のテーマをめぐっては，荒木尚志「コーポレート・ガバナンス改革と労働法」稲上毅・森淳二朗編『コーポレート・ガバナンスと従業員』（東洋経済新報社，2004年）129頁，田端博邦「コーポレート・ガバナンスと労働法」労旬1591号（2005年）6頁，石田眞「コーポレート・ガバナンスと労働法」季刊企業と法創造2巻2＝3合併号（2006年）25頁，毛塚勝利「コーポレート・ガバナンス／企業の社会的責任論と労働法」季刊労働法217号（2007年）135頁，大内伸哉「コーポレート・ガバナンス論の労働法学に問いかけるもの」日労研雑誌507号（2002年）19頁など。

3) 「企業価値」は単に財産（物，債権，債務等）の価値ではなく，それらが有機的一体として結び付いたことにより創造される「目に見えない価値（ブランド，知的財産，人的資産などの無形資産）」を含んでおり，通常，投資家（株主）の観点からの企業価値が定義されることが多い。しかし企業は，取引先への事業提供，社会的貢献，従業員の満足など，多種多様な価値を提供するのであり，本稿ではむしろそのような，ある程度の時間的継続をまって評価が可能な，かつ必ずしも金銭的評価にはなじまない部分が多い企業が生み出す有形無形の社会的効用の総体として「企業価値」を理解する。

4) 上村達男「企業法と労働法の交錯」季刊企業と法創造13巻（2008年）5頁は，従業員・労働者は企業ミッション実現組織の構成員であり，企業買収を決定する場合，従業員の支持は会社法的にも1つの要素であるとする。

シンポジウム（報告⑥）

Ⅱ　企業システムの変化と労働契約保護

　企業システムの変化に対応し，企業とそのステークホルダーの諸利益とのバランスをはかりつつ，いかにして労働者の保護をはかってゆけばよいのか[5]。これを「労働契約の保護」という観点から考えてみたい。

　画一的な労働者像を前提に，細かな法規制の網をかぶせることでは，ポスト工業化時代における企業社会の変化に対応できない[6]。個別化し多様化する労働世界と労働者，企業組織の変化を踏まえ，事案ごとに多様性と複雑さをもつ労働関係の具体的あり様に応じた，労働世界に潜在するいわば「小文字の正義」を広範囲に実現・顕在化させてゆくことが必要となってくる。

　従来のわが国における労働法の基本モデルは，雇用関係にある労働者と使用者を前提に，使用者の権限濫用から労働者をいかに保護するのか，ということであった。しかし「企業システムの変化」においては，いくら雇用関係上の使用者を規制しても，当該の使用者・経営者が，他の企業や株主からの支配・影響の下で責任主体性・当事者性を希薄化させているという事態には対応できない。そこでは，労働契約関係の対世的な法益性を承認し，雇用関係上の使用者

5）「労働法と企業」のテーマに関する理論史的整理として，毛塚勝利「労働法と企業」季刊企業と法創造13巻（2008年）14頁。企業組織を労働組織，事業組織，会社組織の3側面から把握し，その変容と課題を論じるものとして盛誠吾「企業組織の変容と労働法学の課題」日本労働法学会誌97号（2001年）121頁。そのほか野田進「解雇法理における『企業』」日本労働法学会誌97号（2001年）157頁，島田陽一「労働法と企業」石田眞・大塚直編『企業社会の変容と法創造6 労働と環境』（日本評論社，2008年）22頁も参照。

6）欧州においては，比較的早い段階からポスト工業化時代の社会労働法制を展望する試みが活発に行われてきている。90年代初頭時点における問題状況の記録として，Wedderburn/Rood/Lyon-Caen/Daeubler/van der Heijden; Labour Law in the Post-Industrial Era, 1994。またイギリス労働法学の新たな理論展開を示すものとして，ヒュー・コリンズ著・イギリス労働法研究会訳『イギリス雇用法』（成文堂，2008年）。フランスの動向については水町勇一郎『労働社会の変容と再生』（有斐閣，2001年）。我が国においても問題意識は共有されつつあるが，実定法における具体的な現れ方としては，規制緩和を基調とする立法や解釈の傾向が強まる結果となっている。企業組織の歴史的変遷という観点からこの問題を論じるものとして，石田眞「企業組織の変動と雇用形態の多様化」法律時報75巻5号（2003年）9頁以下。

のみならず，これを侵害する親会社や取引企業，株主などの第三者に対しても，その法益侵害を主張しうる枠組みが必要である[7]。

　産業資本主義の発達とともに形成・発展してきた労働法は，私的自治を建前とする契約原理について，団結権保障を基礎とする集団的労働法と，労働関係に対する公法的な介入規制＝労働者保護法によって，これを労働法の世界から可能な限り排除する志向をもっていた。加えて日本の企業社会においては，その準共同体的性格が，契約的な私的自治の軽視を助長することになった。しかし21世紀の企業社会と労働世界における変化は，20世紀の労働法においてはもっぱら使用者側の権利行使の正当化根拠としてアドホックに援用され，労働世界の正義を体現する法源としての位置を十分には与えられることのなかった契約原理，とりわけそのコアにある合意原則を，労働法の体系的核心をなす法原則として浮上させることになる。

　従来「組織」と対立する概念として使用され，組織的関係としての性格を強くもつ労働関係におい主要な役割を与えられることになかった契約的合意。しかし今日の契約理論は，一時的で非組織的な，契約取引のみならず，継続的で組織的な，契約当事者の具体的な属性を考慮した交渉（コミュニケーション）プロセスとしても契約を把握する傾向を強めている。21世紀労働法の法形成原理の基礎をなす契約原理。それは近代市民社会の形成とともに確立した形式的な近代契約法の単純な復活ではありえない。21世紀の契約法原理・合意原則は，近代が資本主義市場と国民国家の形成において排除した，社会における互酬的関係，組織的な暗黙知の次元を，したがって信頼関係的な了解の水準をその規範射程に収めつつ進化してゆくことになる[8]。

　以上のようなものして了解される信頼関係を内包する契約的な合意こそが，「企業システムの変化」において，保護されるべき法益の中心に位置する，というのが筆者の理解である。特定企業との労働契約，この「働くことについての合意」には，労働者一人ひとりの様々な思いが込められている。それは契約

---

7)　雇用関係類似の労務供給契約の問題とも連動するが，本稿では扱わない。
8)　米津孝司「労働契約の構造と立法化」日本労働法学会誌108号（2006年）では労働契約にそくしてこれを論じた。

文書や，就業規則などの文言につくされるものではない。しかし，それら必ずしも文書化されることのない暗黙の信頼関係に基づく了解としての合意，実はこれこそが労働者と企業をつなぐ絆であり，そして従業員同士の協力と信頼の基礎であり，企業における従業員の「動機づけの仕組み」を支えている。労働契約上の信頼関係を内包する合意こそが，従業員の職業的な人格形成と企業価値創造の土壌なのであり，わが国の憲法を頂点とする法秩序は，この信頼関係的合意が実質的な内実をもったものとして実現されることを保護していると考えられる。

21世紀の高度に複雑化する企業社会においては，多様で複層的な法益が交錯し，紛争の法的な解決においてもこの関係当事者の複雑な法益間のバランスを調整しながら総体としてその最大化と最適化を実現することが必要となる。それらの利益調整を踏まえた当事者間の合意によって設定される契約規範が，当事者の内発的行為規範となり，かつ問題解決の自主的かつ適正な基準として機能するものとして，相対的に他の法源に比べて重要性を増していくことになる。契約的合意を保護するということの意味は，契約的合意によって形成される市民の生活空間や社会関係を法的に保護するということである。しかし一般的には，契約によって形成される法関係については，契約当事者以外にもその権利性や法益性を主張できる所有権や人格権におけるような対世的な効力が認められず，原則として相対的な効力のみをもつとされてきた。契約上の権利は，財物や土地に対する所有権や人格権とは異なり，あくまで契約の相手方の人格的な自由・自由意思を前提に，その行為を間接的に強制することによって実効性が確保されるほかなく，また近代契約法は，基本的には市場における自由な経済取引の法としての役割を担うものとして体系化されていったという事情がそこにはある。しかし，社会の複雑化とともに，近代法が予定していた法的人格の主体である対等な個人の自由意思と交渉によって，契約関係が，したがって市民の生活空間が形成されるというモデルは，あるべき理念的な規範としては維持されうるものの，社会的な実体からはますます乖離してゆかざるをえない。労働法は，この近代市民法における契約モデルと現実の乖離をその基本認識として19世紀から20世紀に形成・発展してきたが，労働法がそこで設定した基本

モデルが国家的・公法的な介入としての労働者保護法であり，団結権の保障であった。

　21世紀の契約法の世界は，近代契約法の理念型をめぐって労働世界とその法が経験したことが，あらゆる契約類型において一般化する，すなわち契約当事者の構造的な交渉力の不均衡や，契約の主体と内容が組織性をもつことが普遍化し，契約法の基本原則もこの現実を前提に進化してゆかざるをえない。契約関係がますます組織性と継続性をもつとともに，当事者の多様な具体的関係性，契約がおかれた社会関係への配慮が，契約法の世界において当然のこととなってゆく。社会関係が複雑化する現代社会においては，財物の直接的な支配・所有よりも，むしろ契約関係によって形成される生活関係・社会関係それ自体が，市民の生存・生活の基礎をなすという事態が一般化してゆく。契約的に形成された社会関係への侵害が，ダイレクトに市民の人格的自律を脅かすことになる。かくして契約的に形成される社会関係・生活空間は，単に契約の相手方に対してのみその法益性を主張しうるものというよりも，それ自体が，市民の人格的自律の基礎をなすものとして対世的な保護を要する法益性を帯びてくるのである。社会経済の複雑化・リスク社会化という事態のなかで，市民生活のセーフティーネットは，国家による後見的介入的保護によるものから，市民が様々な次元で取り結ぶ契約的な社会関係それ自体によって担われる側面をもたざるをえなくなっている[9]。とくに大部分の市民にとっての生計の手立てである賃金労働をめぐる契約関係，すなわち労働契約において，その相手方である使用者・企業が自律的な契約当事者としての責任主体性を希薄化させてゆくなかにあっては，その合意によって形成された法的地位が，それ自体として，第三者に対しても主張可能な保護法益としての性格を帯びてこざるをえない。

　労働契約についての以上のような事情を正面からとらえ立法へと反映したのが，事業譲渡，大量解雇，そのほか企業組織変動における労働契約保護，労働者との再交渉・協議や補償措置に関する欧州各国に広く存在する諸制度である[10]。告知期間保護や解雇事由の制限など通常の解雇制限法理は，労働契約当事者間

---

[9]　リスク社会化に対応した最賃制度や雇用保障法制の改革の方向性については，矢野昌浩「雇用社会のリスク社会化とセーフティネット」日本労働法学会誌111号（2008年）80頁。

の合意や信義則を根拠に、契約内在的に根拠づけることが可能であり、基本的には近代市民法の規範射程内にある。しかし、企業組織の変動によって職務ポストやさらに契約当事者自体が消滅することに伴う解雇を制限する法理や適法行為における補償措置の強制は、企業主決定の自由（営業の自由・職業の自由）や契約締結を強制されない自由、財産権保障など、事業主の基本権に基礎をおく市民法の基本原則と抵触する度合いが大きく、伝統的な契約法理によってこれを根拠づけることは困難である。企業・事業の売買やそれに伴う事業組織・労働組織の変動、雇用問題の発生が日常的な出来事となっていた欧州では、企業内において完結される従来型の労働契約の法理をもってしては、もはや適切な問題解決ができないことについての認識が以前から共有されていた。労働者にとっての雇用（職務ポスト）、それは経済的な取引の対象であると同時に、労働者の人格的自律と生活の基盤をなすものであり、職業的な人格に深く関わる法的地位である。欧州においては、労働権（Recht auf Arbeit）を根拠に職務ポストを請求する具体的な権利はないとしても、労働契約関係は、それ自体が基本権的な規範秩序に位置づく独立した保護法益性をもつ、という点での共通の理解があるように思われる。

　これまでわが国では事業譲渡などの三者間関係に係る雇用問題は、企業社会における準共同体的な問題処理に委ねられる傾向が強く、曖昧な法状態が許容されてきた。しかし企業法制の変化によって加速化された「企業システムの変化」のなかで、労働者保護をめぐる問題状況は大きく変わりつつある。かつて欧州が直面した事態を、わが国も本格的に経験する時代が到来したともいえる。純粋持ち株会社の解禁や会社分割をはじめとする会社法制における企業組織再編の容易化、一連の労働市場の規制緩和は、企業システムの急速な変化を制度的に促進するもので、日本の企業システムの質的に新たな段階を画する出来事であったが、それら企業・労働市場法制の変化に対応して求められる包括的な労働契約保護に関わる法的措置が講じられないまま現在に至っている。会社分割に関する労働契約承継法も、労働者保護というより会社分割をより円滑に実

10）　近年におけるその動向については、季刊労働法222号（2008年）の特集「比較法研究・企業法制の変容と労働法」所収の各論文参照。

施するという性格をもつように思われる。

かくして，事業譲渡・会社分割に関する法制や労働市場法制は，現状において企業の円滑で効率的な組織再編を推進することに傾いた法益上のバランスを欠いたものとなっている。そしてこの不均衡はもはや基本権的な法秩序が許容しえない水準に達しつつあるとみるべきである。[11]

Ⅲ　判例の変化にみる労働契約保護

1　判例の変遷

このように立法が，その期待されている役割を十分に果たさないなかで，現場レベルでは，企業システムの変化に伴う三者間労働関係に関連する様々な法的紛争が生じてくるわけだが，当初，法人格の独立性と企業・使用者側の主観的な意思に過度のアクセントをおく傾向があった従来の判例法理に，近年，重要な変化の兆しがみられる。「保護法益としての労働契約」を強調するのは，本稿の全くオリジナルなアイデアというわけではなく，むしろこの新たな判例傾向の理論化としての意味をもつ。

日本の労働法学・判例法理は，三者間の複雑な労働関係に関わる法的問題に

---

11)　これは，企業組織変動に伴う労働契約承継をめぐる法的紛争が，憲法問題としての性格をもつこと，そして裁判所は，現行法の解釈・適用において，憲法適合的な解釈・適用を強く意識すべきことを意味する。解釈論として合意承継説を維持するとしても，勝英自動車事件の地裁判決・控訴審判決のように，契約内容のコントロールを包含するものとして同説をさらに発展させるというスタンスが必要である。これは，商法学上，営業（事業）譲渡は特定承継を原則とするとされていることとは相対的に別次元において検討されるべきことである。特定承継か包括承継化を抽象的に論じ，その論理的帰結として，労働契約承継のルールを確定するのではなく，事業譲渡にける事業者の契約自由・営業の自由の法益と，民法625条に表現されている労働契約の一身専属性といういずれも基本権的な価値に根差す法益の最適均衡をいかにして獲得するかが問題なのである。高度知識社会・ポスト産業資本主義化における人的資源の重要性に鑑みれば，営業における「有機的に一体化された財産」における人的資源の比重は当然高まるとみるべきであり，これと労働契約における一身専属性のもつ基本権的な法益性に鑑みれば，事業譲渡における労働契約の承継については，基本的に当事者間の合意によりつつ，特定労働者の排除は，そのことに合理的理由を要する，との原則が説得力をもつ。この原則は，欧州において一般的なごとく，事業譲渡において労働条件の不利益変更をも認めないというほどに厳格なものではなく，労働条件変更法理を介在させることで，労働条件の変更を許容する。

対し,法人格否認の法理,黙示の合意,実質的同一性の法理,不当労働行為法理などを駆使しつつ立法の不備を補う努力をそれなりに積み重ねてきた。そしてそれらの法理は,いずれも法人格の独立性,企業の所有権,そして契約意思という近代市民法の基礎原理にダイレクトに触れるテーマを内包している。

　総括的にいえば,三者関係に関わる事案において,おおよそ70年代までの判例は,背景企業や社外労働者受入れ企業,営業譲渡先企業の雇用責任を肯定する方向を示していたといえるが,80年代以降,法人格の独立性を強調し,また事業者・使用者の契約意思を重視する方向での揺り戻し傾向が強まったように思われる。これは同時期,企業組織変動に関わる労働者保護の法制が整備されていった欧州とは逆向きの動きであった。

　日本でそうした「逆行」が生じた要因は,第1に,戦後一定時期までの上記判例・労働法学説における労働者保護の理念に基づく「市民法原理の修正」が,実のところ法人格の独立性,契約意思,企業所有権のいずれの側面についても,近代市民法原理の根底に十分に届いてはおらず,したがってその「修正法理」も,オイルショック以降に強まった日本企業における経済的合理性の要請を前に,容易に退けられる脆弱性をもつものであったこと,第2に,企業システムの変化もいまだ部分的なものにとどまっており,こうした法的レベルの揺り戻しにもかかわらず,比較的安定した経済成長と企業の準共同体的な規範に基づく自己規律を背景に,全体として雇用不安が社会的に許容される一定範囲内のものにとどまるものであったことにあるように思われる。

　しかし企業システムを取り巻く内外環境の変化のなかで,本格的な「労働法の変容」あるいは「労働法の危機」の時代が到来するなか,判例の傾向に近年,明らかに変化の兆しがみられる。それは1つには雇用責任をめぐる各法理の要件論における規範的・客観的評価手法の強まりと,もう1つは効果論における損害賠償法理の新たな展開の2つの側面において観察される。

2　客観化・規範化の傾向

　親子会社等の支配関係事案における法人格否認の法理の適用において,包括的な雇用責任を否定する傾向にあった判例に変化の兆しがみられる。第1交通

産業事件・大阪高裁判決は，法人格の形骸化を否定する一方で，法人格濫用を認め，その濫用の程度が明白かつ顕著であるとの認定を前提に，親会社の直接雇用責任を肯定した。法人格が否認された子会社は，親会社に支配されてはいたものの，会社機関や資産管理，企業会計上も独立性を維持しており，また同社の会社解散後に事業を引き継いだ別の子会社も存在していていた[13]。包括的雇用責任は法人格の形骸化が前提となるという理解が80年代半ば以降の判例・学説において有力化しつつあったなかで[14]，同判決は，徳島船井電気事件・徳島地裁判決[15]など，法人格濫用のケースについても包括的雇用責任を肯定する70年代の判例の到達を，事案をめぐる客観的な諸事情，とりわけ背景企業の規範的な非難可能性の強度を評価的に確定する手法を用いることで再確認している[16]。

---

12) 平19・10・26労旬1689号47頁。
13) 同事件の大阪地裁岸和田支部仮処分決定（平15・9・10労判861号11頁）は，組合の壊滅や組合員の放逐を直接の目的としていたとは認められないが，賃金体系の導入に際して諸法理の適用の潜脱回避を主目的とし，その過程で組合員の大多数を放逐することを副次的な目的としていたとし，偽装解散後に事業を引き継いだ子会社のみならず，親会社である第一交通産業にたいしても労働関係上の権利（賃金支払請求権等）を請求しうるとした。この仮処分決定に対する保全抗告事件について，大阪高裁決定（平17・3・30労判896号64頁）は，法人格濫用を認めつつも，雇用継続を主張できるのは同一の事業を引き継いだ子会社に対してであり，親会社に対してこれを求めることができないとする一方，親会社が法人格を違法に濫用し雇用の機会を失わしめたとし，子会社解散後3年間の賃金相当額につき不法行為に基づく損害賠償責任を肯定した。
14) 元請会社と社外労働者の労働契約関係の存否が争われた大阪空港事業（関西航業）事件・大阪高判（平15・1・20労判845号5頁）は，法人格濫用のケースについて包括的な法律関係の存在が肯定される場合があることを否定はしなかったが，「背後にある法人が，雇用主と同視できる程度に従業員の雇用及びその基本的な労働条件等について具体的に決定できる支配力を有していたことを要する」とし，支配の要件と目的の要件を相関的に把握すべきとする原告側の主張を退けている。なお，法人格否認法理における要件論は，請求内容が包括的な雇用責任なのか，未払い賃金に限定した責任あるいは損害賠償なのかということとの相関関係によって異なるのであり，効果論と無関係に要件論を論ずべきではない。これについては和田肇「元請会社と社外労働者との労働契約関係の存否」労判850号（2003年）10頁参照。
15) 昭50・7・23労判232号24頁。
16) 法人格否認法理の適用に消極的な立場からは，同法理の例外的性格と法人制度の否定につながりかねない旨が主張される。しかし問われているのは，例外的な適用の根拠と要件設定において考慮されるべき法益とその具体的な考量のあり方である。もともと自然人の人格的自律と相即不可分のものとして近代法が付与した法人格が，何ゆえに営利を目的とする組織である会社に対しても肯定されるのかについて，経済活動の円滑化・リスク分散といった

シンポジウム（報告⑥）

　事業譲渡に関しては，勝栄自動車事件・東京高裁判決が[17]，契約の規範的解釈（というより契約の客観的な司法的コントロール）の手法によって，従来の合意承継説の枠組みを超える新たな判断を示している。本件では，事業譲渡当事者間の契約において，譲渡企業の従業員の雇用を引き継がず，再就職希望者のなかから個別に譲受企業が採用者を通知する旨の定めがあったにもかかわらず，裁判所は，実態をより重視し，従業員をそのまま移行させるとの基本合意があると認定し，これとは別に労働条件変更に異議のある労働者を個別に排除する特別の合意があり，当該合意は公序良俗に反し違法無効であるとして，譲渡先との労働関係を肯定した。かろうじて特定承継説・合意承継説の建前を維持しつつも，事業譲渡契約における従業員非承継の契約上の定めについて，裁判官よる内容規制を行い，当然承継の効果を帰結させている。

　請負・派遣など社外労働者の受入れ企業の雇用責任をめぐっては松下PDP事件・大阪高裁判決が[18]，同じく契約の規範的解釈を通じて黙示の労働関係の成立を肯定している。従来の判決例は，派遣元企業の一般的な形式性や名目性の有無を問題としつつ，派遣元が企業としての独立性を有していること等を理由に労働者側の主張を退けてきた[19]。大阪高裁は，労働者派遣法に適合しない労働者派遣で，かつ違法性の顕著なケースでは，脱法的な労働者供給契約として，職安法44条，労基法6条に違反する強度の違法性を有する公序良俗違反の契約として無効であるとしたうえで，派遣労働者の給与等の額を実質的に決定する立場にあったのは派遣先であるとし，無効である前記各契約にもかかわらず継続した派遣先と派遣労働者間の上記実体関係を法的に根拠づけうるのは，両者

　　説明だけでは十分ではない。会社に法人格が付与され，その独立性が尊重されるべき法益として認められる前提として，営利企業それ自体の公益性の認識があるはずである。ある企業が公益性を帯びたミッションをどの程度実現しているのかについての具体的考慮を抜きに法人格の独立性とその法的保護を論ずべきではない。法人格否認の法理は，むしろ近代市民法の基礎的な原理に根拠するもとして理解されるべきである。
[17]　平17・5・31労判898号16頁。
[18]　平20・4・25労判960号5頁。同判決の意義と課題については毛塚勝利「偽装請負・違法派遣と受入企業の雇用責任」労判966号（2008年）5頁。
[19]　伊予銀行・いよぎんスタッフサービス事件・高松高判平18・5・18労判921号33頁，サガテレビ事件・福岡高判昭58・6・7判時1084号126頁。

の使用従属関係，賃金支払関係，労務提供関係等の関係から客観的に推認される両者間の労働契約のほかはない，とし両者の間には黙示の労働契約が成立すると結論づけた。

　これらの裁判例は，直接の雇用関係にない第三者の雇用責任を肯定するにあたって，事実的な支配関係や労働関係の実態などの客観的事実と，当該第三者の規範的な非難可能性の程度をより重視している。契約の規範的解釈といっても，契約内容の確定ではなく，契約の成立それ自体を推論するというのは，一般的な契約解釈の枠を超える。[20] そしてこの一般契約法の枠を踏み越えることを規範的に正当化しているのが，親会社による子会社の支配，事業組織と労働関係の有機的一体性，労働契約における権利義務の一身専属性，自己決定権（憲法13条）のみならず生存権や労働権などより具体的な基本権的な保護法益性を帯びる労働契約の特殊性といった事情である。直接の雇用主ではないが契約的な連鎖関係を通じて労働契約に対して重大な影響力にもつ第三者に対しても雇用責任を追及しようとするこれら判例のスタンスは，基本権的な法秩序下における比例原則的な法益衡量に基づく労働契約保護のあり方として十分に成立可能である。[21]

---

20) 「契約の解釈」については，平井宜雄『債権各論Ⅰ上　契約総論』（弘文堂，2008年）76頁以下参照。

21) 従来，法人格否認の法理や事業譲渡法理については，商法・民法の議論を労働法学が受容するというスタンスが支配的であったように思われる。たとえば法人格否認の法理は，最高裁の昭和44年判決以降，労働判例においても一定の展開をみたが，80年代以降は，新たな動きはみられず，むしろ法人格否認法理の例外的性格を強調する商法学説の影響を受け，学説における若干の例外を除き，労働法に固有の法理として同法理を展開・確立しようとする機運は乏しかった。また営業譲渡に伴う労働契約承継法理についても，当初，当然承継説が支配的であったが，その後商法学説の影響の下，特定承継・合意承継説が判例・通説の地位を占めるようになる。労働法学に固有の理論的試み（とりわけ解雇権濫用法理との接合）もみられるが，商法学説の呪縛からはいまだ解放されていない。企業法制には，それ固有の原理があり，ディシップリンが存在している。しかし，法人格否認の法理にしても，事業譲渡法理にしても，商法においては労働関係に固有の問題状況が念頭におかれているわけではない。それらはむしろ労働法学に委ねられている課題である。同様のことが債権侵害論についても妥当する。債権侵害の成立においては，自由競争が強調され商行為を理念型として，故意・害意が必要とされるとの理解が根強いが，労働契約侵害において故意・害意が要件とされるべきかについて，労働法学に固有の検討はいまだなされていない（近年の民法学説においては，むしろ自由競争を強調することに批判的で，過失によっても債権侵害が成立するこ

3 損害賠償法理の展開

近年の判例においては,包括的な雇用責任(派遣先,親会社,事業譲渡先との雇用関係の確認請求)が認容されない場合でも,得べかりし賃金を含む損害賠償請求を肯定する例が増えている。わが国では,違法解雇の法的効果は原則として解雇の無効であり,労働者は賃金請求権を失わず,したがって得べかりし賃金についての損害は発生しないとする理解を前提に,例外的なケースにおいて,しかも損害項目としては慰謝料請求のみが認められるとの理解が一般的であった。しかしこうした理解は,19世紀ドイツ民法学説に淵源する伝統的な法律行為論と債務転形論[22]が徐々に克服されてきている今日,自明性を失いつつあり[23],たとえば,わいわいランド事件・大阪高裁判決やJT乳業事件・名古屋高裁金沢支部判決[24],第一交通産業事件・抗告審決定[25]などでは,解雇の違法性やその効力とは別次元で,損害賠償責任の有無を問い,逸失賃金の損害賠償請求を認容[26]

とを認める見解も有力である)。「企業法学と労働法学の対話」においては,企業法学と労働法学が前提とするそれぞれの保護法益間の衝突を,比例原則に従いつつ法益衡量を通じて調整することが課題となる。国家機関でもある裁判官も,司法判断においてこうした法益衡量を基本権保護義務に基づき行うべく要請されている。労働法学における「私的自治と基本権保護義務」をめぐる議論については,西谷敏『規制が支える自己決定』(法律文化社,2004年)190頁以下参照。

22) 義務違反に基づく損害賠償請求権を債権の本来の対象たる現実履行請求権が転形したものと考える理論で,19世紀のドイツ民法学(サヴィニー,モムゼン)によって確立された。森田修『契約責任の法学的構造』(有斐閣,2006年)参照。

23) 労働法学説においても不法行為としての解雇の効果として逸失利益を含む損害賠償請求を肯定すべきとの主張が有力化している。小宮文人「解雇の法的規制と救済」『下井隆史先生古希記念論文集・新時代の労働契約法理論』(信山社,2003年)363頁,本久洋一「企業間ネットワークと雇用責任」日本労働法学会誌104号(2004年)45頁,同「違法解雇の効果」『講座21世紀の労働法第4巻・労働契約』(有斐閣,2000年)196頁等。本稿は,学説・判例において支持を集め,また労働審判においても実務的な成熟を遂げつつある損害賠償法理について,「保護法益としての労働契約」に着目し,労働契約の侵害という枠組みにおいてこれを規範的に根拠づけ,その近現代市民法の歴史的・原理的な脈絡を整理しようとする試みでもある。

24) 平13・3・6労判818号73頁。

25) 平17・5・18労判905号52頁。2年間について逸失賃金損害を認めた。労働関係解消の法律行為の違法性や効力とは別次元で,労働関係存続の法益性を認め,逸失賃金の損害賠償を肯定するものとして,京都セクハラ(呉服販売会社)事件・京都地判平9・4・17労判716号49頁ほか一連のセクハラ事件があり,そこでは6か月ないし1年分の賃金相当額が認容されている。

している。

　法律行為としての解雇・解約それ自体の違法性や有効性とは別次元で，労働契約上の地位の喪失にかかわる損害賠償請求を肯定する動きのなかで，労働契約上の地位は，いわば対世的効力をもつ「権利又は法律上保護される利益」（民法709条）として把握されるようになってきているといってよい[27]。こうした一種の財産的・人格権的法益性をもつ権利として労働契約を把握する傾向が今後定着してゆくならば，三者間の複雑な労働関係のみならず，二者間の有期雇用や労働契約の成立をめぐる問題についても，地位確認の請求に限定されない事案の内容に応じた柔軟な法的紛争解決が可能となり，法人格・契約意思・所有権のトリアーデの硬直化（化石化）の傾向のなかで身動きがとれなくなっている現状からの変化が促され，侵害された法益の調整的な回復の可能性が開かれることになるように思われる[28]。

---

26)　平17・3・30労判896号64頁。不当労働行為がからむ会社解散のケースについて，逸失賃金についての損害賠償請求を肯定する先行例として，池本興業・中央生コンクリート事件・高知地判平3・3・29判タ788号191頁。

27)　わいわいランド事件・大阪高裁判決は「雇用の場を得て賃金を得ることができた法的地位（の侵害）」と表現している。また菅野和夫「会社解散と雇用関係」『友愛と法――山口浩一郎先生古稀記念論集』（信山社，2007年）166頁は，解散後3年間の賃金相当額の損害賠償を認めた第一交通産業事件・抗告審決定13)について，「団結権尊重の公序ないしは労組法7条の趣旨（政策）に反する違法な行為によって雇用の利益を侵害した（民法709条）という，より簡易な法的構成によっても導きうる」とする。

28)　雇い止めや採用拒否について，近年の裁判例は「（雇用関係の存続あるいは採用されることについての）期待権の侵害」として一定額の損害賠償を認容している。中野区（非常勤保育士）事件・東京高判平19・11・28労判951号47頁（賃金1年分の慰謝料），鉄建公団事件・東京地決平17・9・15労判903号36頁（原告1人に付き500万円の慰謝料），パソナ（ヨドバシカメラ）事件・大阪地決平16・6・9判判878号20頁（20万円の慰謝料）等参照。また労働契約締結上の過失をめぐるケースで判例は，ユタカ精工事件・大阪地判平17・9・9判判906号60頁のように慰謝料のみを認める傾向が強いが，なかにはかなざわ本舗事件・東京高判昭61・19・14金融商事判例767号21頁のように2年の逸失賃金相当額を損害として認容したものもある。交渉破棄や説明不足が違法評価を受け，逸失賃金をベースとする損害賠償が肯定される場合，その前提に，労働契約それ自体の法益性とそれに対する侵害という認識があるはずである。

Ⅳ 残された課題

ヴァイマル憲法（153条）は「所有権は義務を伴う Eigentum verpflichtet」と定めた。[29]「支配あるところに責任あり」ということは20世紀の人智が再確認した普遍的な法原則といってよい。21世紀，企業社会における「支配」が，排他的・直接的な所有を通じてではなく，むしろ契約的で間接的なネットワークを通じて行われることが普遍化するなかで，我々は，改めて支配・所有と契約が交錯する労働世界のリアルな実態に対応しうる法理論を構築することが求められている。

もともと労働契約は，他の契約類型とは異なり，金銭と交換される特徴的給付が人格と密接不可分であるところの従属労働であるという近代市民法原理にとっての背理を内包している。20世紀の私法秩序において，団結権保障や協約自治という私的自治を超える法原則の承認を促したのもこの「労働力商品」の特殊性であり基底性であった。本稿は，ポスト産業資本主義化とともに企業の存在形態が変化するなかで，法人格・所有・契約という市民法原理の核心部分に揺らぎが生じていることを，労働契約保護という視角から論じた。この「揺らぎ」は，世紀単位の経済社会構造の変化を背景にしている。20世紀私法秩序の進化を典型する団結権を基礎とする集団的自治の法にも，それは根底的な影響を及ぼさずにはおかない。集団的労働法の基礎カテゴリーを資本主義と企業組織の変化を踏まえ近代市民法の基礎構造に遡及して再検討するという課題が我々を待ち受けている。

（本稿は全国銀行学術研究振興財団による研究成果の一部である）

（よねづ　たかし）

---

[29] 同規定は，所有権の社会的拘束性 Sozialbindung des Eigentums とタイトルされたドイツ基本法14条2項に引き継がれている。

商法・会社法学からのコメント

上　村　達　男

(早稲田大学)

I　新会社法の自由と労働への影響

　このところ，日本の企業法制，資本市場法制は，バブルが崩壊したあとの病人対策が普遍化するという状況が続いてきました。不良債権の処理，金融機関の破綻処理，事業再生，それからベンチャー起業ですね。景気対策，緊急経済対策のための非常に政策的な法改正でありまして，病人だから，これもしてやろう，あれもしてやろうということで，どんどん規制が緩やかになってきます。それを後ろから押したのが，いわゆる「法と経済学」や「ファイナンス理論」といわれているような経済学で，取引ルール中心の任意法規としての会社法を推進してきたのです。事業再編も，世界でも極端なほどに自由化されております。

　そうなりますと，「私的自治」や「契約の自由」が大原則だということになるわけです。病人対策ですから，例えば「最低資本金は1円でよい」というのも時限立法だったわけですね。それから，「簡易事業再編」も時限立法だったわけです。

　これが，株式会社とはそういうものだ，という形で一般法化してきたわけです。われわれは一貫して，「このプロセスは会社法の堕落である」と申し上げてきたわけです。今はちょっと流れが変わってきまして，法務省のほうの体制も当時の体制と180度変わりました。大きな反省期に入っているように思います。

　しかし，その過程で，やはり個別労働組合が中心の日本では，労働組合が，持株会社を作ったり，また会社がくっついたり離れたりするたびに，従来に増

シンポジウム（コメント）

してズタズタになっているのではないか。非常に危機的な会社法の下で，労働は，非常に大きな被害を受けた分野なのです。もともとそういう問題はあったのですが，このところの会社法改正を機に，今は重大な危機的な状況にあるのではないかと想定はしておりました。しかし，今回のシンポジウムでの先生方のご報告を聞きまして，そうした想定を実感したわけです。

II　労働を受け入れるために——変わるガバナンスの意義

そこで，私なりの総論的な見解を最初に申します。まず，コーポレートガバナンスの基本ですけれども，伝統的な理解は，「株主は会社の所有者である」「経営者は株主の代理人である」「会社の設立は，社団の形成だから契約である」，つまり，「所有」と「契約」と「代理」という民法理論ですべて説明してきました。

証券市場というものをあまり意識しない時代には，それでもさほど破綻がなかったと思いますが，私はこういうものを「民法理論会社法」と言っておりまして，本当の会社法ではない，と申しております。

そういう伝統的立場からしますと，経営者が「土地を買ったり，建物を買ったりするのと同じように，労働も買っているんだ」となり，そのうえで，あとは社会政策的な保護だ，ということになります。

しかし，会社法も資本市場というものを意識してきますと話は変わってきます。その前提として大事なことは，資本市場というのは，欧米では，株主は個人株主であるということが大前提です。投資家も個人だということに徹底してこだわっておりますので，少し違和感のある表現かもしれませんが，資本市場イコール市民社会。そういう目で資本市場と株式会社の関係を見ていきますと，新しい局面になってくるわけです。

つまり，企業は何のために経営するかといえば，それぞれの企業がもっているミッションを実現するためです。資本主義経済というのは，国民生活にとって必要な消費材や生産材や雇用や技術革新を，企業に競争させて提供させるという仕組みです。その部分を忘れて株主のために経営するというのは明らかに

間違いです。企業がさまざまにもっているミッションを実現することで市民の生活が可能になる。それに貢献するのが資本，つまり株主です。

ですから，企業ミッションの最大実現に貢献した資本は，きっと株価も上がるだろうし，配当も増えるだろうし，結果的に報われるだろうということでありまして，経営が株主のため，つまり，資本のために経営するというのは本末転倒で，そんなことを考えている国はどこにもないと思います。

ですから，私はあえて強く申しているのですけども，もし，定款に書いてある会社の目的・ミッション，それよりも，株主にお金を提供したり，株主を優遇したりすることを優先するような経営者がいたら，これは定款の目的条項違反で違法だというぐらいのものだと思います。株式会社は，オランダ東インド会社の1602年設立以来400年の歴史がございますから，昔使われた言葉がそのまま残っておりますけれども，ふるい言葉の意味通りに「所有者だ」と思いこみますと，歴史の経験がない日本人は昔話をしていることになるのですね。だからこそ，日本にとって比較法の意味は本質的なのです。

そういう意味では，企業の目的はミッションの実現である。そして，資本はそれに貢献するものである。貢献する資本は歓迎される，貢献しない資本は嫌われるのが当然です。このように考えますと，労働者の地位も変わってまいります。企業がミッション実現のための組織だということになりますと，労働者はそうした組織の真っ当な構成員だということになります。お2人の先生のご報告の中で「労働者も企業の成員」という言葉が出てまいりましたけれども，企業というものがミッションを実現するための組織だとすれば，その組織の構成員，成員であるという認識は当然のことです。

「所有者としての株主と株主の代理人としての経営者」という概念を中心にしますと，先に述べましたように，労働は経営者が買ったのだということになるのだろうと思いますが，そこが違うのです。ガバナンスの根幹が，今，揺れておりまして，欧米は痛い目に散々遭っていますから，いちいち言葉を作り変えたりしませんけれども，何とかやれるだけの免疫力は企業社会にあると思います。日本は，この辺をきちんと理論構成していきませんと失敗を繰り返します。そういう意味では，日本はこの分野について本格的に新しい理論構成をし

シンポジウム（コメント）

ていかないといけないし，そうでないともたない国だと思っております。

そういう意味で，企業と市場と市民社会，つまり市場を使いこなす企業社会になってきたときに，市場イコール市民社会だというこだわりを意識的にもった企業社会のモデルを考えるということが必要だろうと思っております。そして労働者こそは生身の人間として市民社会の中心的な構成員なのですから，こうした発想を中心になって担っていかなければならないのだと思います。

Ⅲ　要警戒概念──法人・資本市場・所有

米津先生のご報告に「法人格と所有と契約」とありましたが，人間と人間の関係を大きく損なう可能性のある重要な概念の1つは，まさに「法人」です。法人を人間並みに扱うと，本物の人間が真っ当に扱われないことになります。

それから，もう1つは「市場」です。最高度に集約され組織化された証券市場を想定しますと，そこでの「売った・買った」，つまり，モノのやり取り・資本のやり取りを，あたかも人間の信認を受けたかのように扱えば，そこでやはり人間が大きく阻害されるということになります。つまり，「市場で買えた」ということの権威が人間を支配する。たくさん買った者が企業を支配できるのだから，結果的に企業にかかわる多くの人間を差配し，支配するだけの権威がそこにあるのだ，といった瞬間に，人間というものが見失われてくるのだと思います。

それから，「所有」という言葉も日本では安易に使われすぎています。ヨーロッパにおけるような個というものの絶対性が守られるべきだから所有権は絶対性をもつのであって，公共空間やコモンズなど，社会的共通資本の世界で所有を振り回すなんていうことは，欧米ではありえないのです。

しかし，日本では，公共空間でも，「俺は所有者だから出ていけ」という，昔の小繁事件や今の村上ファンドみたいな話が多すぎる。「私は株を買えたのだから，たった30人の人間でも，何百万，千何百万という人間がかかわっている阪神電鉄（阪神電気鉄道）や阪神球団を自由に動かせるのだ，と平気でいうわけです。お金を借りられて株を買えたということを，人間の信認を得たかの

ように扱ってよいという誤った観念から来ているのだと思っております。

そういう意味では，法人格とか，所有，市場，あるいは契約，こういう基本概念をきちんともう1回取り戻すことが必要だと思います。米津先生は，「労働法」との関係でおっしゃったのですが，これは「企業法」が今置かれている課題をまさにおっしゃっているのではないかと思った次第です。

私は「公開（株式）会社法」とか，「証券市場」についていろいろ申しておりますけども，これは証券市場を信用すれば何とかうまくいくだろうという，いわゆる市場万能主義と正反対でありまして，証券市場というのは資本というモノが支配する世界だから，このモノの世界を克服しないと人間の世界を正しく把握できない。モノは所詮モノだということを一度クリアしないと本物のヒトが理解できないのです。

善意でものごとを考えても，モノのやり取りの世界である証券市場や，一種のモノである法人を人並みに扱えば扱うほど，人間は疎外されてくる。そういう意味では，証券市場と正面から立ち向かわなければならないような現在の企業社会で，企業法制の考え方の根幹が，ガタガタと揺れ動いている。そうした中で労働者の位置付けも，大きく変わってきているのではないか。こういう思いをもっているところです。

「株主主権」という言葉もよく出てまいりますけれども，アメリカの有名なメルビン・アイゼンバーグという会社法学者が早稲田へ来て議論をしました。どう考えても，株主が提供した資本は，会社の所有物であって株主の所有物でない，これは当たり前のことです。株主が提供した資本は，会社の所有物です。株主は株式の所有者にすぎないのです。

しかし，それを，「株主は会社の所有者だ」とアメリカでもいうし，イギリスでもいいますが，どういう意味なんだろう。法律的な民法の所有権の意味でないことだけは間違いないわけです。昔，われわれが会社法を習ったときは，「所有の変形物」とか，「希薄化された所有」と教わりました。なぜかというと，所有権の機能である支配権能が議決権の形で，収益権能は利益配当の形で残っているので，そう呼んでもそう遠くはないのではないかという意味だったわけです。それが，最近は，「所有者だから俺の言うことを聞け」，「俺に金をよこ

せ」など，株主が所有者の名においておかしな主張をしているのですね。

アメリカの場合はどうかというと，もともと市民社会というものを非常に必死の思いで闘い取って来たヨーロッパの歴史の良い面を受け継いでいるところがあります。ヨーロッパは国王と教会とギルド的な団体・結社と闘って，個人中心の世界を作ってきた。主人公はあくまでも市民である。その市民が，株を買っているときは「株主」と呼ばれる。会社に行っていると「労働者」と呼ばれる。買い物かごをぶら下げていれば「消費者」と呼ばれる。日曜日に子どもと野球をやっていれば「地域住民」と呼ばれる。同じ人がいろいろな名前で呼ばれているだけだ。主人公は人間であり，市民である。

その主人公である主権者が株主なのだから，『株主が主権者』といってもおかしくはない。ですから，「彼らをあたかも（as if）『所有者』であるといっていいのだ」と，アイゼンバーグはいったわけです。

Ⅳ 事業再編と労働

本久先生がおっしゃっていました親子会社の問題は，持株会社をこんなに認めている国は日本ぐらいしかないという，そういう事実からまずは考えるべきだと思います。もともと人間というものを中心に考えれば，法人がくっついたり離れたりしても，人間の責任とかガバナンスは変わらないというのがヨーロッパのこだわりであり原則です。それが，ヨーロッパの「企業結合法制」ですね。

そうだとすれば，持株会社などよほどの理由がなければ意味がないわけです。持株会社を作っても，責任が同じでガバナンスも変わらなければ，目立った得はありません。やるとすれば，例えば異業種をつなぐとか，あるいはファンドみたいなものだとか，そういうどうしても必要な例外的なもの，あるいは，規制を逃れるためのもの。アメリカでやられますような公益事業持株会社とか金融持株会社はそうした性格のものです。州の権限が強すぎるから，連邦法により持株会社で抜け道を認めようというのですね。そういう理由があるもの以外は，認めても無駄だから認めない。日本のように持株会社化しますと，子会社

の取締役に対する株主のチェックはゼロになる，代表訴訟はできなくなり，そのような制度の欠陥があるために流行る，そういう持株会社を肯定したうえで労働者保護をいっても，もう遅いという面があります。遅くてもいわないわけにはいかない，という状況に労働者が置かれていることの自覚から，すべては始めないといけないように思います。

　それから，企業再編も日本ぐらい自由になされている国はないわけです。それから，もちろん持株会社に限らず，企業結合法制一般もドイツをはじめとして大抵は用意されていますし，英米では支配株主の少数株主に対する忠実義務というような概念が肯定されています。支配株主とは親会社ですね。フランスですと，合併するときには労働者の承認が必要だということになっている。それを守らないと，合併無効ということになるわけですね。

　ですから，それらの一切がない日本の親子会社法制を前提にして，「さあ，どうしよう」といって理論構成するということは，少し寂しいとは思いましたが，それでも真摯な法律家らしく大きな壁に向かって，一生懸命に法的な義務とか責任とか，そういうことをぎりぎり主張されていることには，大変敬意を覚えた次第です。

　例えば，人格的な利益をもつ特殊な契約債権者という見方をされましたけれども，全くその通りだと思うのです。ただ，考えてみますと，労働者というのは，ただいま申しましたように，日本以外の国ではそれなりに強いわけです。イギリスはもともと労働党の国ですし，非制定法的なルールが格別に重い意味をもつ国です。ドイツは，共同決定で取締役会つまり監査役会の半分は労働代表ですね。労働者は，ガバナンスの真ん中に居座っているわけです。

　アメリカはどうかというと，機関投資家が，労働者のための厳しい受託者責任を負っていますから，機関投資家イコール労働者，つまり，「労働者は株主だ」という世界です。ですから，労働者を解雇，リストラして，株主価値が上がっても，それによって最大の利益を受けるのは機関投資家ですから，その利益は労働者のところに行くという，ある種の循環がそこにあるのがアメリカ型なのですね。法人株主中心の日本では，その循環がないというところに大きな問題があります。労働者が企業法制の中にいるのは当たり前なのです。

ところが，日本では例の会社分割のときに，「労働」って言葉が出ただけで，多くの商法学者は，「気持ち悪い」という反応なのですね。株主と経営者，債権者という概念しか知らないものですから，「労働者」が会社法の中に入ってくるのは許せない，という感じだったのです。私はそのようなことは当たり前で，むしろ「気持ちいい」と思ったのです。気持ち悪いと思うのは，そこで信奉されている民法理論，会社法自身の問題なのですね。

　ですから，そういう意味では，労働法学者が，特殊な契約・債権者といういい方で，一生懸命理論構成の努力をされていることは，まさに本質的な問題に迫っていく姿勢だと思ったわけです。むしろ特殊どころか，真っ当なものだと会社法の側でもきちっと受け止めるべきだと思った次第です。

　あと，会社が消滅する段階で損害賠償というのは無力だというお話がございましたけど，これはやはり，「会社解散の自由とは何か」という本質的な問題があります。例えば，「黒字で，すべてが順調にいっているのに，一株主の趣味で解散する自由というのは本当にあるのだろうか」ということですね。私は相当昔からそういう議論をしてきたつもりです。株主主権を強調すれば，株主が解散したいといえば解散して何が悪い，ということになりますが，仮にそうした立場に立っても，解散権の濫用ないし多数決の濫用ということになれば，解散決議が無効になるはずですね。もっとも，解散してしまってから，解散無効の効力として，会社を設立する義務が生ずるといってももう遅いのですね。ですから，もっと先にそもそも解散というのは正当な理由がなければ求められないという立場を確認すべきだと思います。

　それから，有田先生のご報告の，「日本は企業再編の自由がありすぎるので，労働法上の事業展開面を構築していくべきだ」ということも大変大事な発想だと思います。ただ，われわれからしますと，会社法理のほうを変えさせるべきであり，それが先行しなければならないと思います。そのうえで，それを労働法の要請に適うというのはきわめて自然な発想だと思います。しかしそうなっていないのですから，労働法からそのような主張がなされるということは，きわめて貴重なことだと思った次第です。

V　買収防衛ルール——企業価値と労働

　それから，河合先生のご報告ですが，私は，企業買収につきましては，先ほど申しましたように，企業ミッションの最大実現という意味における企業価値の増大に貢献できることを立証できない買収者は，排除されるのは当たり前と思っております。世界中どこでもそうです。アメリカは，各州に「反買収法」があります。その話は日本ではだれもしないですね。ステークホルダーというのは，これは労働者，消費者や取引先などですから，実は日本の企業だと日本人が中心です。アメリカの企業だとアメリカ人です。

　つまり，ステークホルダー論というのは，こういう言葉を使いますと，あいつも右翼になったと思われるかもしれませんが，国益論です。企業の問題と金融の問題は，どこまで行っても国益がむき出しでして，今のサブプライムの状況ですと，その通りむき出しになっていますね。もともとそういうものなのですが，日本人はこういうことにあまりにナイーブです。それはこの分野の歴史や学問を学ぼうとしないからだと思います。「グローバルスタンダード」とかいって，のんびりとやっているうちに，肝心のステークホルダーという国益論の部分を見失ってきたように思います。

　ですから，企業買収でも，先ほど申しました意味での「企業価値の向上に貢献する」ということをいえないような買収者は，排除されるのは当たり前です。英国の「シティコード」であれば，これは労働者をどうするかというのは，当然開示文書に書かなくてはいけないことになっておりますし，事業の継続性について記載するのも義務になっていますし，「買収者の慎重義務」なんていう規定すらありますね。

　そういうコードが全くない日本で，アメリカで行われている攻撃的な議論が普及している日本で，この労働と資本の問題が，きわめて貧困な状況の下で議論されている。その中で労働法の立場に立って非常に有意義な議論がなされたと思っております。

　ただ，私は，「株主主権だが，ステークホルダーも大事だ」という話には与

シンポジウム（コメント）

みしません。企業年金連合会の話が出ていましたけども，これはおかしな議論だと思っております。「株主主権は当たり前だが，ステークホルダーも大事だ」というのですね。私は，連合会のこの種の理論の立て方は，根本的な誤りだと思っているところです。労働者の金を預かる連合会の専務あたりが株主主権のようなことを安易に主張しているのは非常に問題だと思います。連合会それ自体は株主・所有者ではなく，労働者のために全力を尽くす義務と責任を負った受託者責任の負担者なのですから。

VI　金融商品取引法第1条（目的規定）の変化

あとは，「金商法（金融商品取引法）」の目的が随分変わってきていまして，今までは投資家保護だけだったのですが，それが，「資本市場の機能の十全な発揮による公正な価格形成の確保」という条文が世界で初めて入りました。

これはどういうことかと申しますと，資本市場が機能するということは，国民全体の生命・財産にかかわる問題で，契約の相手方である投資家を保護しさえすればよいというような，取引レベルの公正さの維持のような次元の問題ではない，ということを明らかにしているのです。証券市場で安易にバブルが形成され，安易にそれが崩壊して何が起こるかというと，企業が破綻する，失業者が増える，社会不安になる，犯罪が増える。30年代の大恐慌でしたら，国の富が何分の1になるわけですから，その矛盾を海外に求めれば植民地戦争が起こるというぐらいのものです。契約の相手方を取引法的に保護すればよいというような低次元の話ではないのです。投資家も投資家である以前に一国民として証券市場が正しく機能することによって守られるのです。

投資家という契約の相手を契約的に保護するという話は，過去の話です。そういう意味で，資本市場が機能することによる受益者である国民，市民，生身の人間の中枢を占めている労働者が，資本市場の機能の発揮と公正な価格形成の確保という重大問題に関心を持たなければならないわけです。資本市場は資本家の問題だ，というような感覚では市民の生活を守ることはできないのです。先に述べましたように，理念的にはここで資本市場とは市民社会なのですから。

そういう含意が，金商法の新しい目的規定の中に取り入れられたのだというふうに考えるべきだと思っております。

Ⅶ　破綻法制その他

「倒産法制」につきましては，実は，「破産法」は，歴史的には「商法」にあったわけですね。つまり，破綻したときに債権者保護，あるいは有限責任という原則の問題が，現実化するわけです。そのときを考えて，会社法は債権者保護や有限責任という概念・問題を考えているわけですから，破産法理というのは，実は会社法法理そのものです。破綻したときに労働者が守られなければいけないのであれば，その直前もさらには継続企業の原則としても守らなければならないというのは実は当たり前のことです。

そういう意味では，これはまさに破綻時という特殊な理論ではなくて，会社法そのものの本質の問題であるということを申し上げておきたいと思います。つまり，破綻処理の話は，必ず会社法の基礎理論に直結している，中心のなかの中心の話だということだというふうに思います。

最後に，米津先生のお話については，先ほど若干触れました。私は，「人間というものを復活して，市民法の原理を本当の意味で開発する」という米津先生の主張には，本当に共感します。ただ，そのためには，今のように資本市場を使いこなさなければいけない時代には，モノの世界を克服しなければいけない。モノの世界を一度克服しないと，本当の人間の世界というものは見えて来ないと思っています。

（うえむら　たつお）

《シンポジウムの記録》
企業システム・企業法制の変化と労働法

1 総　　論

● 労働者の多様化に対する認識

山田省三（司会＝中央大学）　それでは，討論に入りたいと思います。まず，早稲田大学大学院の河田会員から質問用紙が出ております。この問題の現状認識といいますか，変化をどうとらえるかという総論的な質問です。読ませていただきます。

「河合会員のレジュメの中で，『対外的変化としては，近年は株主利益追求のための道具へのシフト』と指摘があるが，この変化は企業システムのみならず，労働者のもっている帰属意識についても同様と思われる。一方で，本久会員の報告では，『労働者の社員認識，企業利益と一体化の意識が根強いとの前提で議論が進められている』と。私見では企業が求める労働者のあり方，使用者と労働者とのつながりの実態は，かなり企業のあり方が変容する中で多様性があり，企業ごとに幅があるのではないか」と，こういった議論の認識の前提ということです。これについて，何かありましたら，河田会員からお願いします。

河田裕之（早稲田大学大学院）　その通りでございまして，企業の方が変わっていっているだろうということもあるのですけれども，それと同じく労働者の方も変わっていっていると。そういう多くの中で，例えば，会社分割におきまして，旧商法等改正附則5条の「労働者との協議」，労働契約承継法7条の「労働者の理解と協力」など，説明をしっかりと求めるようなところで，ルールを決めていけばいいのではないかということで，私も非常に賛成です。けれども，どのようなものを，現状，念頭にルールなりを決めていけばいいのか，かなり対象となるものの幅がある中で，ルール決めというのはかなり難しいのではないかと思っているのですが，いかがでしょうか。

河合塁（東洋大学）　私のレジュメでは，確かに「対外的変化」ということで，株主利益追求のための道具という認識に変わってきているということを指摘しておりますが，この趣旨は，株主の側の認識として，こういったことを企業に期待するという傾向が強まっているということです。一方で，本久会員のおっしゃっているように，労働者の認識としては，依然この企業利益との一体化が強いだろうということもよく認識しておりまして，そういった側面を否定するものではありません。

経営者の側でも，これも多様性とおっしゃったのですが，考え方はいろいろだと思います。本音はわかりませんけれども「株主の方を向いた経営は当然だと」という経営者もいれば，「いやいや，やっぱり労働

者や顧客こそが大切なんだ」という経営者もおられ，かなり幅があると思います。

そういった中で，労働者の方も多様化しており，その中で説明・協議というのは難しいのではないかという今のご質問は，全くその通りだろうと思いますが，逆にこのように多様化している中では，説明ないし協議といった形ぐらいが，実現可能性を考えれば，何か厳格な法的規制を課すよりは，実効性が期待できるのではないかと。そういったところで，方法論的な話になってしまうのですが，ベストとはいいませんが，ある程度現実的な政策なのだろうと理解しております。

本久洋一（小樽商科大学）　ご質問ありがとうございます。労働者意識の認識の点，確かに私のレジュメの6頁の真ん中辺ですね。ただ，こう書いております。「わが国労働者の社員意識・企業利益との一体という認識は，いまだ根強い」ということでございまして，河田先生がおっしゃるように，まさに，労働者意識が多様化しているが，いまだに根強いという形で，あまり現状認識に隔たりがないというふうに思います。

もう1点，いわゆる多様性ということで，おそらく方法論的なご質問も含むと思います。「企業も多様だと，労働者も多様だと。そこでいったいどういった立法なり，解釈論が可能か」というご質問かもしれませんが，そういった場合には，一番後の部分に下りてみよう。この企業結合法制の話でいくと，一番後のが「親子会社」ということで，今回は思い切ってモデル事案という設定をしましたのは，河合先生のレジュメにありますように，現実の企業組織は本当に多種多様でわけがわからなくなっていますが，一番後の「親と子」というところからスタートして考えてみようというところでございます。

有田謙司（専修大学）　私には，協議・情報開示，協議ですね。この辺とのかかわりで現実性がどうかというようなご質問を受けているところです。後でも，他の会員の方から同種のご質問を受けておりますので，そこでまた発言することになろうかと思います。先ほどの河合会員からの発言にもありましたように，そういう意味での多様性が認められるからこそ，十分な情報が提供されて，協議の中で労働者がいくかいかないかということがやはり決められるべきという状況にむしろなっていくのではないかと考えています。協議等の問題については，また後で出てまいりますので，そのときでよろしいでしょうか。

2　親子会社と労働法

● 親会社の行為義務

山田（司会）　総論に続きまして，各報告者への質問に答えていただきます。最後に，全体の議論をする予定です。

まず，本久会員への質問です。関西大学の川口会員から，「親会社の行為義務の規範的根拠について」という質問がされております。これは，「本久会員の報告の中にあった，親会社の行為義務の規範的根拠として，労働者はきわめて特殊な契約債権者

であることを指摘されていますが、規範的根拠としては、これは裏返しのいい方かもしれませんが、一定の関係にある者の信義則上の義務、すなわち、労働者の労働権の尊重と、それに伴う信義則上の義務となるのではないでしょうか」という質問です。

本久（小樽商科大学） ご質問ありがとうございます。川口会員のご質問は、おそらく前提に川口会員のご学説があるかと思いますので、その点ご補足いただければと思います。規範的根拠論についてですね。

川口美貴（関西大学） はい。関西大学の川口です。時間を取っていただいて恐縮です。今回、本久先生に限らず、会員の方が基本的に追及されていらっしゃるのは、契約当事者、労働契約の当事者としての使用者が有していると一般的にいわれていた雇用保障に関する義務を、どこまでどのような法的根拠で認めることができるのかというようなことに多分尽きると思いますし、具体的に一定の関係にある者というのは、持株会社であったり、あるいは出資者ということになると思いますけども、投資ファンドであったり、あるいは過去・将来の契約当事者であったりで、それを報告で分担されているのだと思うのです。

それで、本久先生のご報告の中で、本当はもう少し解釈論を展開していただきたかったという希望もあるのですが、立法論のところで、「なぜ持株会社・親会社に、一定の義務なり、責任を認めることができるのか」ということについて報告をされているわけなのですけれども、立法論とはいえ、法的な根拠ということからしますと、やはり、それは一定の関係にある者の信義則上の義務であって、さらに会社が一定の関係にあるというのも、単なる出資者に対してと、あるいは労働者に対してとは違いがあって、出資者も労務の提供者もいずれも企業の利潤に貢献しているとしても、その内容は違う性質だという説明もありうるかと思います。

やはり労働者の場合は、雇用・労働条件保障の必要性があると思いますので、それに対して、契約の直接の当事者でなくても、一定の関係にあった者について、何らかの法的責任を負わせようというご趣旨だとは思うのですけれども、説明の仕方として何かもう少し、今いいましたような信義則とか、古いかもしれませんが、それなりの現在の現行法の中にある何らかの原則なり何なりを使って、本件を説明していただいた方がわかりやすかったと、そういう趣旨です。

本久（小樽商科大学） どうもありがとうございました。親会社の雇用義務の規範的根拠という話なのですけれども、一番苦労いたしましたのが、労働法学自体が、責任根拠として労働関係っていうのを前提としてきたと僕は思うのですね。使用従属関係に代表される労働関係っていうのを前提にしてきておりまして、「法人格否認の法理」というのですね。同じ会社だっていうことであれば、労働関係もあることになりますので、その点を責任根拠としてきたのが今までの労働法学だと私は理解しております。

それで、モデル事案で、あえて純粋持株

会社っていう難しい事案を選んだのは、この図をみていただきながらお話したいのですが、「Y」と「X_1」の間に何の関係もないというところで、どんな労働法上の責任をY社に負わせることができるのかというのが、今回の工夫でございます。結局、「『Y』と『X_1』の間に労働関係がない。なのに労働法上責任が生ずる、なぜか」というところが、お伝えしたかったところでございます。

そこで、川口先生が、「一定の関係にある」といいましたが、その関係というのが、私は、「Y」と「X_1」との関係というのはこれだというのがなかなか出てこなかったというのが正直なところです。ただ、非常に共感を覚えますのは、川口先生が現在ご主張の「雇用保障理論」という考え方です。どの点で共感を覚えるのかといいますと、「三陸ハーネス事件」の決定ですね。一地裁決定にすぎないものでございますが、大変驚くべき説示を含んでおりまして、レジュメの3頁に重要な部分を全部抜き出してあります。

簡単にいいますと、解雇するしかないという事案でも何かやることがあって、それはここの「●」で示したように、一定の協議っていうのを行わないといけないというか、無効になるというものです。これは、例えばこういったことですね。再就職の準備を行うだけの時間的猶予とか、当面の生活保障であるとか、あるいは再就職斡旋等々ということでございまして、これはまさに、わが国の解雇権濫用法理というのが、進化に進化を重ねたぎりぎりの部分でヨーロッパ法に何か近づいてきている部分なのかという気がしているわけでございます。ですから、「労働権」というふうに先生はおっしゃいますけども、この判例の基準というのを外される規範的根拠があるとすれば労働権かと、私もそのように思います。

また、今回は、学会全体の趣旨が、上村先生をお招きして、企業組織・企業法制という側にいわば踏み込んで、そこでも何かいえないかというところでみんなやっているということですので、「労働権」といって終わる議論をできなかったということでございます。よろしいでしょうか。

山田（司会）　この点につきまして、親会社の行為義務は重要な問題ですので、他の会員のご意見、またはご主張があれば、いかがでしょうか。あるいは、お2人の議論に対するコメントでも結構です。それでは、同じような問題が次にありますので、またあれば、後で伺いたいと思います。

次に、やはり本久会員に対する弁護士の宮里会員からの質問が、親会社の「団交義務（団体交渉義務）」について出されております。「本久会員が示されたモデルケースにおいて、親会社の団交義務を認める見解に賛成ですが、団交義務の内容が解散・廃業についての説明義務にとどまるように聞こえましたが、そうでしょうか。基盤的労働条件についての実質的な決定権の所在に団交義務の根拠を認めるならば、少なくとも解散に伴う経済的保障や、再就職支援などについての団交義務も、認められるべきではないでしょうか」と、こういうご質問です。では、宮里会員、お願いいたします。

宮里邦雄（弁護士）　お読みいただいた通りです。

山田（司会）　では，本久会員，お願いします。

本久（小樽商科大学）　どうもご質問をありがとうございます。解釈論のレベルでの話だと思うのですけども，確かに今，先生からご質問を受けまして，レジュメを読み返してみますと，団交義務の内容を非常に限定するように会場に聞こえてしまったのかというふうに思いました。

であるとすれば，これはここで訂正させていただきまして，私は，親会社の団交義務，もちろん解散・廃業にあたってのということですが，解散・廃業の経緯，必要性についての説明ということにとどまらず，子会社労働者の雇用の帰趨についても，やはりこれが団交事項であれば，その団交に応じなければならないというふうに考えております。

その規範的根拠というのは，先生がご指摘の通り，基盤的労働条件についての実質的決定というものでございまして，これは何も私が考えたことではございませんで，労働委員会実務の世界では，「高見沢事件，長野県労働委員会命令」に先例がございますし，学説では，米津先生が，「21世紀講座（『講座21世紀の労働法　第1巻　21世紀労働法の展望』〔有斐閣，2000年〕）」の中で，同種のご主張をされているところでございます。その2つに私は大変共感を覚えまして，ここで採用させていただいたわけでございます。ということで，宮里先生に賛成ございます。

山田（司会）　よろしいでしょうか。今のモデルケースにおける親会社の団交義務を含めて，どなたか，いかがでしょうか。

それでは，次に本久会員に対する質問が，弁護士の安西会員から出ています。「報告をありがとうございます。モデル事案で親会社の雇用引き受けが難しく，損害賠償も困難ということはわかるが，現在は，Y社の上にある投資会社，株主より猛烈なリストラが経営者に要求される事案が，現下の経済状況から増えたように思われる」ということで，これについて，ご質問の内容は安西会員からご説明いただけますか。

安西愈（弁護士）　発表の方は，労働者の団結権と企業再編という観点が中心であったかと思うわけですが，現在，外資系の投資会社，あるいは株主である外国企業の親会社から，子会社の立場にある国内企業に対して相当な激しいリストラ要求がなされています。多くは労働組合のない企業でありますから，子会社である国内企業の雇用と労働条件を守るっていうのはだれがやっているかというと，企業の人事担当者，特に人事担当の取締役を中心にそれらの親会社のリストラの圧力と対応している。そういう中において，なかなかうまい対応策と申しますか，その株主，あるいは親会社に対して子会社の立場に立って，日本の労働法制，あるいは判例等，いろいろ知恵を絞って対抗しているのですけれども，なかなか難しい。

そこで，今日の報告も一般論の方にすぐ入ってしまっているので，一般論で書かれますと，「日本の最先端の労働法学会でも，

『これは立法論』といっているではないか」といって，相手にしてくれなくなります。現行法下においても日本では簡単にはリストラできず，企業グループ全体としての雇用責任がありますよと，整理解雇の4要件等をもって交渉しているのに，その前にこれは立法論であると，あまり早く白旗を上げないで，もっと泥臭い何かそういう現実的立場から，解釈論的対応がないのでしょうか。せっかく5人の方が集まっているわけですから，そういうケースに対応するような指針なり，ガイドラインなり，そういう立場に立っている人事担当の役員を何とか擁護してあげるというような立場で，何か共同で現行法下における解釈論を出してくれないのかと思います。その後で立法論をやっていただければとこのように，質問とお願いでございます。

本久（小樽商科大学）　ご質問をどうもありがとうございます。まず，現状認識の部分ですけれども，これもやはりモデル事案をご参照いただきながらということになりますが，これはまさに理論のための説例でございまして，実態ではこの「Y」の上にどんどんいくわけですね。それから，最近では，「Y」の上にあるのは外国企業ということも多くございまして，Y社ないしA社が，両者の労働者層の板挟みであるというのが現状だというのは，その通りだと私も認識をしております。

ただ，今回は，応用問題にいく前に，頭の部分をやってみようという趣旨でございます。この部分も，私がみたところ，それほど労働法学上解明されていないのではないかということです。

それで，次の段に移りますが，質問用紙ですと，「A社の人事担当員は苦労されている」ということで，つまり，使用者ということですよね。使用者の人事担当員について，立法論にいく前に，行動指針となるようなルールを提示できないかということというふうに理解してよろしいでしょうか。

ただ，もしも，使用者の行為規範ということであれば，私はこれを全部解釈論として立てているのですけれども，レジュメでいきますと，3頁以下に「使用者の行為規範」とございまして，4要件に白旗を上げたわけでは，実はございません。モデル事案をあてはめますと，4要件を簡単に満たしてしまうと。ただ，それは裁判実務の方も実は十分認識しておりまして，最近では，三陸ハーネス事件に限らず，複数の裁判例が出て，4要件からスタートしているのですけども，解散・廃業をしても事業がどこにもいかないという場合についても，濫用法理は一定の枠組みがあるのだということで，一定の濫用性判断基準の形成の動きというのがみられます。

その中でも，一番整備された説示をもつのが，三陸ハーネス事件の仙台地裁決定と思われまして，ここで紹介させていただいたのです。まずいえることは，現在の解雇法制の下でのA社は，この3頁下で列記をしたような行為義務というのを負うのではないのかということでございます。

ただ，問題はその先でございまして，使用者がこうした行為義務を課されるとなりますと，実は全くその使用者は用をなさな

シンポジウムの記録

いという事態が背景にあって，まさに安西先生がご指摘のように，親会社との板挟みに遭って大変だというところで，この使用者の行為規範というものを A 社にばかり負わせていては，どうも労働者にとって都合が悪いというのが今回の報告の趣旨でございまして，親会社にいけないかということですね。

そして，親会社にいけないかというときに，実は解釈論上も何か手掛かりがあればいいんですね。労働関係があったとか，いろいろあればいいんです。しかし，そうした特殊な事案について，いわば例外的な，例えば一般条項を用いて，現在裁判官がやっているように，ぎりぎりのアクロバティックな解釈論で解決するという方向性よりは，むしろ筋論みたいなものを今回は提示したかったということでございます。

すみません。長くなりましたが，簡単にいいますと，A 社については，私は行動指針を示したつもりでございます。Y 社については，残念ながら立法論という形になっております。以上でございます。

山田（司会） 安西会員，よろしいですか。はい，ありがとうございます。本久会員に質問があった複数の会員の質問は，後へ回します。本久会員に対して何かご質問，いかがでしょうか。今の議論の中で何かご意見等があれば。

● **立法の方向性**

渡辺章（専修大学） 専修大学の渡辺です。この立法論が，「労働契約法」なり，「労働基準法」の立法論なのか，「労組法（労働組合法）」の立法論なのか。つまり，司法の救済の理論としていわれているのか，行政救済の理論としていわれているのか，そこがよくわからないので質問します。司法救済の理論ならば，労基法 9 条の「使用される者」，行政救済の理論ならば労組法 7 条 2 号の「雇用される労働者」について法解釈の現状と限界が最初に確認され，それぞれどの点が立法による解決を迫られているのか，その点を明らかにする手順を踏む必要があると思いますので，ご質問をします。

本久（小樽商科大学） ご質問をどうもありがとうございます。立法論については，立法論にすると，大体皆さんは苦言をおっしゃいますので，あまり詳しく紹介しなかったのです。具体的には，本当につたないものですが，5 頁に示してございます。ここの「●」5 つで示しているのが，私なりの立法論ということでございます。

簡単にいいますと，使用者の行為規範というものをまず固めて，それについて，履行を支援するという義務を親会社に課すというものでございます。じゃあ，ここに書いてある立法論っていったい何法なのかといいますと，この点は先ほど上村先生のご報告がありましたように，企業結合法制というのはなかなかできない現状というのがある中でなんですが，結局，「労働法的企業結合法制」というものになる予定でございます。

一番不明なのは，おそらく，「団交権の話をしているのか，解雇権の話をしているのか，どっちなんですか」ということだと

思います。これは，私の独特の考え方かもしれませんが，こういうふうに考えております。解散・廃業にあたって，親会社には説明・協議義務なり，あるいは子会社労働者の雇用の規制については配慮する義務っていうのをまず設定する。それは，別に労働組合に対してというのではなく，子会社の労働者全員に対してということでございます。そのバックグラウンドの下に団交権というものが成立するのではないかというのが私の考え方です。

つまり，団交権が先にあって，そこから説明・協議義務だとか雇用保障の義務が出てくるわけではなく，説明・協議義務だとか雇用保障義務が最初にあって，それを地盤として団交権が花開く。そういう構造をとらえてというように考えていますので，実は団交権の話ではありません。説明・協議義務であるとか，解散・廃業にあたっての手続的規制というものを考えているわけでございます。

具体的な立法として，ではどのカテゴリーに入るのかといいますと，例えばですが，「附則第5条」というお話が先ほど出ました。労働法と商法の中間にあるのか，あるいは労働法なるかはわかりませんが，まさに企業法として，あえていえば，「労働法的企業結合法制」っていうことになろうかと思っております。ひとまず，以上でお返しいたします。

　山田（司会）　その他は何かございますでしょうか。よろしいでしょうか。では，また後でお願いいたします。

3　合併，会社分割，事業譲渡

● 労働者の承継拒否権

　山田（司会）　次に，有田会員への質問です。「情報開示義務」についていくつかの質問がありますので，まとめて「情報開示の範囲とその根拠」等は，後で議論をしていただきたいと思います。

　有田会員の報告について，川口会員からの質問です。「立法論として，労働者の承継拒否権を保障するとのことですが，その内容は資料等で出されたイギリスの立法における被用者の承継拒否権と同じでしょうか」という質問です。

　有田（専修大学）　どうも，ご質問ありがとうございます。結論からいいますと，そうではありません。現行の「労働契約承継法」のような形のものを考えております。ここに載せてあるのは，参考になる部分だけを載せるのはまずいだろうということで，イギリスは全体としてどういう仕組みになっているのかということをお示しするために，参考資料に全体の部分を載せただけでございます。

　実は，イギリスでは，この「被用者が承継拒否をすることができる」というのは，新しく加わった部分であったわけです。現行の2006年の法改正に際して，追加された規定であったかと記憶しております。これは，ご覧になってわかりますように，イギリスの労働法学者の間でも非常に問題があるということで，議論されているところです。

イギリスの場合の承継拒否権が行使された場合の問題ですけれども，原則としては解雇とは扱われないので，非常に中ぶらりんになって問題だということであります。ただし，労働条件が非常に大幅に変更されるといったようなことで，いわゆる「みなし解雇」に該当しうる場合には，そのことを理由に不公正解雇で争えうるという扱いにはなる，ということのようでございます。

いずれにせよ，このようなイギリスのものをそのまま考えている，いうわけではございません。よろしいでしょうか。

● 問題解決への道筋

山田（司会） それでは次に，弁護士の宮里会員から有田会員への質問です。「現行法制下における問題状況の解決には，解釈論には限界があることは確かである。立法論の必要性が指摘されることはやむをえないかもしれないけども，現在の改正部分の問題点を指摘して，解釈論をもって深めることがなされるべきではないか。例えば，公序についての構成を検討するといった，立法論にいく前にもっと現行法の解釈論でできることがあるのではないか」と，こういうご質問の趣旨と受け取ってよろしいでしょうか。

宮里（弁護士） いいです。

山田（司会） これは，「立法論にいきすぎだ」というご意見が先ほどもありましたけども，これについて，有田会員からお願いします。

有田（専修大学） はい。どうも厳しいご指摘です。確かに，宮里会員がおっしゃる点は，重々承知はいたしております。しかし，この報告は，全体として非常に大きく企業システム・企業法制が動き，再編されて，企業再編を大きく促し，非常に頻度が高まるように，それを推進するような形へと移行している中において，ある意味でそういう事後的な形での対応というだけでは，もはや不十分な時期に来ているのではないか，という問題認識に基づいています。

そこで，報告の中でもしきりに行為規範として必要だということで，立法化の必要性ということを何度も繰り返し申し上げたのも，そういう問題意識からでございます。そういう意味では，確かに今後も，解釈論をもっとやっていく，もっと詰めていく必要は承知しております。

けれども，この報告におきましては，今日においては，そうはいいながらも，もっときちんとしたルールの下で企業再編が行われていくべきだ，そのためには，立法によりルールを明確にする必要がある，そういう意味での行為規範性を高める必要がある，という問題意識でご報告させていただいた次第です。以上でよろしいでしょうか。

山田（司会） その他，ご意見はございますか。

宮里（弁護士） 「立法論が先か，解釈論が先か」ということなのですが，なかなか立法っていうのは，わが国ではご承知のように難しい。この間の労働立法をみても，判例とかそういうのが先行して，それが立法化されるっていうのが労働立法の制定経過だったと思われます。

したがって,「立法によって解決すべき」というのではなくて,もっともっと,団体交渉論にしろ,脱法論にしろ,その基本的な理念みたいなものを米津さんが提起されたように思いましたけれども,そういう考え方も取り入れた現在の判例が取っている解釈論を,研究者としては批判して欲しい。解釈論をもっと深めることが先行しないと,立法化にもつながらないのではないでしょうか。

確かに立法で解決できればベターですけども,「労働法立法学会」ではなくて,「労働法学会」としての研究者の深く鋭い解釈論を,この点は,先ほど安西会員もおっしゃいましたけども,期待しています。もちろん実務側も努力しなければいけませんが,研究者としての立場からの解釈論を深めていただけないだろうかという希望でございます。

　山田（司会）　学会全体,とりわけ研究者に対する批判ということで受けとめたいと思います。

● 公共サービスの民間委託

最後は,有田報告の射程についてのご質問です。札幌学院大学の家田会員からですね。「近年,重要性を増すと思われる,また,そこでの労働条件の劣悪性が問題となっている公共サービスの民間委託,いわゆる民営化は,本シンクの射程に入っているのか。入っていないとするなら,なぜ入っていないのか説明してください」ということです。「民営化は,民間企業の会社分割や営業譲渡と同様の労働法上の問題に直面

していると思われ,報告者が参考としたEU（欧州連合）やイギリスでは,民間委託について同じく対処している。この点についてどのように評価されるのか伺いたい」という,こういう質問です。

　家田愛子（札幌学院大学）　その通りです。

　有田（専修大学）　重要なご指摘をどうもありがとうございました。

この問題について意識が欠落しているわけではございません。ただ,報告全体の論旨の流れという点で,このお話したような形になった次第です。そういう意味で,参考資料のイギリスの立法例のところに,「適用対象移転」ということで,その「（2）」に,「サービス供給主体の変更」という概念が書いてございます。まさにイギリスは,そういう問題に直面する中で,通常の事業移転の概念にはなかなかうまく収まりにくい,そういうアウトソーシングの問題を,別の定義を設けることによって,その対象の中に含めるというやり方を取っているということを,この中からおくみ取りいただけるかと思います。

そういう意味では,このような対応の仕方も立法的には可能でありますし,検討に値するということは,私も考えております。ただ,公務の民営化の問題においては,一度民間に出された後に委託先が変更されるという問題は,まさに,このルールをストレートに適用することが比較的容易かと思います。

けれども,最初に民間に出すときに,もろとも移転するというのは,公務員の身分

関係から労働契約関係に移行することになります。イギリスの場合は公務員でも一般的に雇用契約関係になりますので、基本的にその前提条件に違いがありませんので、何ら問題ないということなのでしょうけれども、日本の場合はそこの問題をどうクリアするかということがありますので、少し考えなければいけないと思っております。

以上のようなことで、イギリスのようなものを参考にしながら考えていきたいと思っております。

● 事業譲渡と会社分割

山田（司会）　その他、有田報告に何かご意等があれば。

川口（関西大学）　すみません。立法論中心ということで、解釈論については、特にまた論文等で取り上げることはあまりないのかもしれませんけれども、希望として1点あります。

事業譲渡と会社分割と、両方を含めて報告をされましたけれども、事業譲渡の場合は、契約の承継を労働者が希望しているにもかかわらず承継されないということで、問題は、譲渡会社と譲受会社と、労働者は希望しているから問題ないのですけども、その合意をどういうふうな形で擬制するか、どういう形で合意を認めるかということです。公序等で合意内容を修正して、契約の成立について裁判所が苦労してきたと思うのです。なので、その点についての研究もしていただければということです。

それから、会社分割の場合は逆で、労働契約の承継を労働者が希望しないにもかかわらず承継されることが問題なわけです。そうすると、これは、結局労働者からすれば、もといた企業から基本的に解雇されるというか、一方的に契約を終了されるということに他ならないという、そういう位置づけになると思います。私は、思いつきなのですけれども、解雇規制法理の適用というのも、ある意味で可能なのではないかというふうに考えています。もし、お時間なり、仮に余裕がありましたら、その辺りも含め少し解釈論等についても展開していただければと思います。以上です。

有田（専修大学）　ありがとうございました。今後の研究の中で考えていきたいと思います。

山田（司会）　その他、何かございますでしょうか。

上村達男（コメンテーター＝早稲田大学）　コメンテーターには質問が来ないと思って、もうほとんど関係ないっていう感じでいたのですが。

「法人格否認の法理」も、「取締役の法定責任説」も、昭和44年に最高裁判決で確立したわけです。あのときには、松田二郎裁判官と大隅健一郎裁判官の2人の商法学者がおりまして、2つとも、「解釈というよりは立法だ」といわれるほどの判例ですが、今では共有財産になっております。これらはいずれも小規模で閉鎖的な会社に関する判例です。それが、最近になりましたら、ほとんど硬い形式的な解釈ばかりが横行していますが、相手が経団連や大金融機関だと皆がビビるのですね。例えば、企業結合法制なんかは、最高裁が、「責任あり」と

勇気をもって判決を下せば，すぐにでも共有財産になるのです。つい最近まで，実に自在に判例法の創造をやっていたのです。

とりわけ，本久先生がおっしゃっていましたけれども，全社的内部統制が入ったことによって，子会社の内部統制に対して親会社側も責任があるということははっきりしています。そうすると，労働者も入るといえなくはないのですけど，子会社の債権者が子会社の内部統制の不備を問題にして責任を追及する場合に，親会社に内部統制責任があるわけですから，親会社にいけるという判断が裁判所によって下されるのは，ほとんど目の前の状況ですね。ですから，そういう意味では，法曹がそれを主張し，そして，裁判所がそれを認めれば，たった今にでも実現できそうなことはいっぱいあるのです。

例えば，ドイツのコンツェルン法ですと，従属会社の少数株主が離脱するときには，「仮に両者が合併していたとしたら」という対価で離脱できることになっています。ですから，例えば，事業移転の直前ならできない行為が移転するとできる，そういうことが起きた場合には，なぜそういうことをする必要があって，かつ，当の労働者の不利益待遇ではないということの立証責任を親会社に課していくことも必要ですね。

つまり，ある事業再編行為の寸前にできないことがその直後にはできて，そして人間関係が大きく変わった場合に，そうしなければならないことの合理的な理由の立証を親会社に課していくとかですね。そういうことは，会社法と一緒になって考えなければいけませんけれども，ありうると思うのです。私が拠点リーダーをしている早稲田大学のグローバルCOEでは理論の創造を常に謳ってきました。われわれの事務所は，「『企業法制と法創造』総合研究所」といっているのですけども，かなり大胆に法理論を創造していかないといけない時代になっているというふうに思います。

立法論は，可能といえば可能ですが，なかなか難しいです。ほとんど理論創造でやらなければいけない状況かと思っています。

山田（司会）　解釈論が，裁判所や，ひいては最高裁を動かすということになっているようです。

その他には，ございますでしょうか。なければ，ここでいったん司会を交代して，次の議論にいきたいと思います。

石田眞（司会＝早稲田大学）　上村先生が先ほど発言されたこととの関連で，司会の方からお聞きしたいことが1点あります。

有田報告の中で，「会社分割が事業譲渡に接近してきている」という認識が示されました。その根拠の1つは，会社分割の対象が，それまでの「営業の全部または一部」から，「事業に関して有する権利義務」に変えられたということ。もう1つは，会社分割の実体的要件から，「債務の履行の見込みのあること」がはずされたことだといわれました。

実は，こうした認識が，有田報告の事業譲渡も含めた立法論の底流になっているところなのではないかと思います。こうした有田報告の認識について会社法ではではどのように考えられているのか。上村先生から，

ご意見があれば，お聞かせいただけないでしょうか。

上村（コメンテーター） 有田先生がおっしゃる通りでして，会社分割が入ったときに，私は国会の参考人で意見を述べました。そのときに，法務省の担当者から散々ご説明を受けました。何か私は何をいい出すかわからないと思って，非常に心配していたようです。

そのときには，明らかに営業単位での譲渡であるのが大前提ですから，その営業に労働者が属していれば，それごと，丸ごとを移転するに決まっている，ということでした。それが大前提でして，それを当然として「だからいいんだ」と説明したのです。

それが，先生がおっしゃる通り，要するに，事業に関する権利・義務に代えられてしまいました。何でも規制を緩和することが正義だという感覚ですので。事業のある部分を分解して適当にくっつけて移転してもいいのだということになってきたのですね。これにはその後替わったある法務省の方は，大変驚いていましたね。「何ということをしたんだ」という感じでした。

それで，履行の見込みのところもそうですね。営業ないし事業単位でみるのなら，履行の見込みも事業単位で考えれば足りるのですから，セグメント的な会計や監査をしていればそれなりの合理性は確保しやすいのです。企業買収だとすれば，買収してその会社を切り売りしたら，これは「解体的買収」で，「濫用的買収者」ですから。対抗策は大抵はオーケーなのです。だけど，分割だったら，ばらばらにしてよいということにはならないはずですね。これは，企業観が非常におかしな企業観になっているわけです。事業再編とは人間の再編であるという観念はないのです。資産というモノの結合としかみないのです。根本的に間違った発想だと思います。

したがって，先生がおっしゃるように，分割と事業譲渡っていうのはほとんど変わらなくなってきたといえるように思います。所詮はモノとモノの分離・結合にすぎないのですから。そこまでいくのであれば，これは両方の規定を共通化して類推するとか，そういうところまで会社法がいってもおかしくないぐらいの状況というふうに，私は思っています。

石田（司会） どうもありがとうございました。大変重要な情報とご意見をいただいたと思います。この点等をめぐって，これまでの議論との関係も含め，何かご発言・ご意見がありましたらお受けしたいと思います。

梅田武敏（獨協大学） 獨協大学の梅田でございます。今の営業譲渡と事業譲渡の件で，少しだけ補足をしたいと思います。

「事業譲渡概念も営業譲渡概念も同じ」という学説と，「事業概念と営業概念は同じであるが，譲渡の要件が両者において異なる」という学説の2つがございます。現在の会社分割は，営業を切り分ける・営業を分割するというのではなく，事業を分割する制度です。そして，この事業概念は従来の営業概念と同じであるとされています。そうした事業（従来の用語でいえば営業です）を分割する制度でありますが，個々の

権利義務も分割することができる，と主張されています。即ち，事業に「関して」の権利義務，従来の用語でいえば営業ですが，営業に関しての権利義務であれば分割できると主張されています。例えば，土地ごと工場を移転した，工場を土地ごと分割したという場合ですが，この工場が建っている土地の中に事業とは無関係な土地が含まれていても，その無関係な土地は「関して」に該当する権利義務であると解釈する，事業に無関係であっても関係のある土地であると考える，といったデタラメな解釈が行われております。これが商法の現状です。

ただ，「営業概念も事業概念も従来と同じで，有機的一体として機能する財産である。したがって，労働契約を含めて分割する場合も，有機的一体として機能する財産であることが必要で，これが会社分割の単位である」と解する説も無論あります。これは個々の権利義務を分割の対象として認めないという考え方です。今のところはどちらの説も支配的ではないと考えられます。私は，従来の会社分割制度と同じく現在の会社分割制度も，事業単位，即ち，有機的一体として機能する財産を単位として分割する制度であり，個々の権利義務は分割の対象たりえない，と考えておりますし，上村先生もそういうふうにおっしゃったのではないかと思います。解釈論によって問題を解決する糸口がここにあるように思います。以上です。

石田（司会） どうもありがとうございました。上村先生，有田会員，何かございますか。

上村（コメンテーター） 本当は営業というふうに考えなければいけないので，そう考えた方がいいと思いますけど，「実態はそうではないだろう」で動いていますよね。

徳住堅治（弁護士） 弁護士の徳住です。今の会社分割と事業譲渡の違いの点で，債務の履行の見込みの点を含めて2つおっしゃいましたが，もう1つ問題なのは，対価の柔軟化が，事業譲渡と会社分割の本質を変えてしまったのではないかということです。つまり，会社分割で「対価の柔軟化」と入りましたから，取引行為に近くなりました。

そこをやはり歯止めを掛けないと，会社分割と営業譲渡を区別する意味がなくなってきた。つまり，組織的一体かどうかの問題と対価の柔軟化っていうことで，取引行為・組織変動行為との区別が，実務上つかなくなってきていると思うのですが，先生はいかがなのでしょう。

石田（司会） 上村先生へのご質問になると思います。

上村（コメンテーター） 確かにおっしゃる通りです。どうして，従来は合併でも何でも組織再編の場合の対価は株式であるという前提だったかというと，組織再編っていうのは，人と人の関係を再構成するのだという観念があったのだと思います。

そもそも会社が社団だというのも，団体という点に焦点をあてれば一人会社は社団じゃない，ということになりますが，社団とは「人間の」集まりだというところに焦点をあてると，1人でも人間だ，というと

ころに意味があります。持株の大小があっても，やっぱり人間は人間です。10株の人でも１株の人でも人間。「株主平等」とは株式平等だといわれますが，しかし皆人間だという意味では人間平等の意味もある。合併の場合も，こっちの株主とこっちの株主が入れ替わってくっつくとか，つまり，人間対人間の関係を再構成する，そういう行為なんだという前提で今までわれわれは考えていたし，それを当然だと思ってきたんですね。対価が株式であるといのはそういう意味です。

　ところが，対価の柔軟化で，キャッシュでもって合併するっていうことは，人間はもう要らない。人間というのはキャッシュに置き換えてもいいんだ，ということです。あるいは人間とカネの結合もあり，ということです。これは，株式会社観にとってはきわめて本質的な問題で，そういうことをどんどん平気でやって来たのがアメリカの会社法です。そしてそれを忠実に再現することがよいことだというのが日本です。それでもアメリカは個人株主にこだわっていますから，日本とも相当に違うのですが。

　しかし，アメリカは連邦会社法がない珍しい国ですから，世界中で。しかも，州の会社法が，自分の州に会社を誘致するための規制緩和競争をずっとしてきました。そして最後に，一番緩い会社法で勝ち残ったのがデラウェア州で，それがアメリカの会社法だというのが日本人です。その分厳しいのは，「連邦証券法」で補うという独特な制度になっているからなのです。

　そのうちの一番緩くてルーズなところを日本はまねて改正をしたということで，対価の柔軟化も，私は安易にやってしまったと，非常に消極的な評価です。

4　企業買収

● ステークホルダーと法

　石田（司会）　次は，河合報告に対するいくつかのご質問がございます。全体に共通する質問は最後に回して，まずは，報告それ自体についてのご質問について議論をしたいと思います。

　ご質問は，西南学院大学の菊池高志会員からのものです。質問を読ませていただきます。「河合報告に対して，議論の全体を通じて，企業・ステークホルダー（利害関係者）と法律上の権利義務者は，会社法上における株主の関係をどのように整理しているのか。また，労働者・従業員の地位は，利害をこの観点からどのように整理をしているのか」ということでございます。菊池会員，補足をお願します。

　菊池高志（西南学院大学）　西南学院の菊池です。企業という概念をお使いになるときに，どういうものとしてお話になっているのか。企業・ステークホルダーというレベルでのお話と，会社法上の会社・株主（権利主体）ということと，気持ちはわからないでもないが，これは法律論なのだろうか，それとも実態分析をされているのだろうか。お話を聞いていて理解できなかったというだけのことでございます。

　河合（東洋大学）　ご質問どうもありがとうございます。

上村先生の先ほどのコメントとも重なるのですが，会社法の世界では，私は，株主というのは，一応「資本」という側面において，所有権と全く同じではないけれども，それに近いような権能をもっており，その法的根拠は，株主総会が最高意思決定機関だということだとか，経営者はあくまでも総会で選ばれ株主の出資した資本に責任を負うということなのだろうと理解しております。「だから株主が好きにしてもよい」という議論には全く賛成しませんが，会社法の世界ではこのように，「企業は株主のもの」ということが，法的にもそれなりの所与になっていると思います。

これに対しステークホルダーといった場合会社法の世界だけに限れば，株主ないし株主総会，そして，取締役（会）。監査役は少し置いておいて，それから，せいぜい債権者，という辺りになり，従業員などは直接出てきません。そうすると，会社が株主のものでないにしても，ステークホルダーの中では，株主が少なくとも一番大きな位置づけをもっており，法的にも優越的な立場にあるのだと理解しています。

もちろんそうはいっても，現実の社会は，会社法の中だけで完結するわけではありませんので，実態としての企業システムという意味合いの中で話をしておりました。企業システムの中では，会社というのは一面にすぎず，多種多様なステークホルダーがそこには登場します。

ただ，今回の議論は株主の権利を前提としてそのうえで労働者保護について何をどこまでいえるのか，という点が出発点であったので，このような論の立て方をしました。では株主の権利はいいけれど他のステークホルダーとのバランスはどうするのかということに次になろうかと思いますが，この点，先ほど上村先生からはご批判をいただきましたけれども，株主の長期的な価値の最大化は，ステークホルダーの利益や価値の実現と，長い目でみれば決して矛盾するものではないだろうから，法的に説明しやすいのではと考えたのです。

もしかすると「なぜステークホルダー論の立場に立たないのか」ということがご質問の趣旨なのかもしれませんが，社会実体としてステークホルダーの重要性は認識できても，法律の議論の中にどこまで盛り込めるかというところでわが国のステークホルダー論は論拠として弱いのではというのが私の思いです。その中で，株主の権利行使の中にステークホルダーへの配慮義務や説明義務等を解釈論で組み込むという試みも一応紹介しておりますが，なかなか現実には難しいだろうということで，このような立論になった次第でございます。すみません，ご回答になってないかもしれません。

石田（司会）　菊池会員のご質問の趣旨をもう少し単純化しますと，「法律論としてやっているのか，社会実体論としてやっているのか」ということだったと思うのですが，その点，端的にいうとどうなるのでしょうか。

河合（東洋大学）　一応私としましては，法律論を出発点としたつもりではあるのですが，社会実態と切り離しにくかったことと，ステークホルダーという社会実体

をどこまで法律論に組み込めるのかというのが悩みであったことなどもあり，その辺があいまいになってしまったのは申しわけありません。

石田（司会） 先ほどの上村先生のコメントの中に，株主主権論とステークホルダー論との関係の問題についてのご発言がありましたが，もし，その内容を敷衍して今議論になったような問題に何かコメントがございましたら，よろしくお願いします。

上村（コメンテーター） 「ステークホルダーは社会実体だ」といわれることの前提には，法的には株主だ，というのが多分あるのだろうと思うのですね。しかし，私はそこがちょっと違うんじゃないかと申したわけです。つまり，企業がミッションを最大に実現した場合のミッションの受け手は，電車に乗る場合には乗客だし，それから，洋服を作る会社ならばわれわれ着ている人間です。そういうそれぞれ固有にもっているミッションを実現した場合の受け手っていうのは，多くはステークホルダーと呼ばれています。

会社のミッション実現の相手ですから，これが一番大事なんですね。株主だって，それが市民であり人間であることが前提なら，1人の人間として洋服も着ているし，電車も乗るわけですから，ミッションの実現の受け手です。そうした株主という名の人間にとっては，電車の安全や環境や物価などの方が配当や株価よりずっと大事なはずです。そうしたミッションを最大に実現することに資本として貢献しているのなら，配当や株価で報われるだろうというだけの話です。

よく経済界の人が，「会社法をみれば，会社は株主のものに決まってるけど，ステークホルダーも大事だ」というようなことをいうのですけども，何も決まってないんですね。大体彼らが会社法の本を読んだことすらないのです。こんな分野は常識でわかるといわんばかりの専門性を軽んずる姿勢でものをいっているのです。50年以上も前に日本で公開会社の証券市場を意識した世界に冠たるガバナンス論をやっていましたが，そこでは「株式会社は財団法人だ」というようなことも普通にいっていましたし，株式とは債権で社員権じゃない。社員権じゃないということは，所有じゃないっていうことですね，有名な松田二郎さんの株式債券論ですね。あるいは，田中耕太郎の「社員権否認論」であれば，これも所有じゃないということですし，そんなのは当たり前に議論していたことです。

しかし，その後，閉鎖会社を中心に50年間やってきましたので，そこでは先ほど申しました民法学会社法的なものが幅を利かせていて，「所有だ，所有だ」と。あるいは，経済学者やファイナンス理論の人は，「所有」という言葉を「残余利益の請求権者だから所有だ」なんていいます。こんなナンセンスな話はないですね。残余利益の請求権者っていうことは，これは最劣後者という意味です。

最後にだれもいなくなったときにもし残っていれば，それは株主が残余財産の分配請求権があるから，だから，それはいいです。でも，「だから所有者」っていうのは，

ただの符牒でしかないわけです。

　特に証券市場が最大級の証券市場をもった場合非常に流動性の高い証券市場がある場合には，株主とは投資家であって日々変化していることを前提にできます。株式という均一な小さな粒に価格形成が可能であるためには，金銭出資が望ましいので有限責任にならざるをえません。そうした証券市場を3月31日時点で止めたら，たまたまこの人が株主だったという話です。株主名簿は流通市場の一瞬の静止画像であり，株主総会はその3カ月遅れの集会でしかなく，株主でない人も，「株主だ」といって権利行使できるのですから，株主というのは，単に株式を「買えた人」というのであれば非常に小さな存在なのです。

　じゃあ，どうして大きいかというと，それは市民としての株主，つまり社会の主権者が株主だからなんです。そして，こうした市場流動性を根拠にした有限責任でも，流動性を殺してずっともち続けると，有限責任の支配という株式会社に昔からある病理的な現象が出現する。これは株式会社制度の原罪みたいなものです。そうなれば，その有限責任の支配をもう一度見直して，支配株主ないし親会社の責任という形で責任を取り戻そうというのが，会社法の昔からの本質的な議論です。支配株主は所有権の機能をもっているではないか，という意見がすぐに出てきますので，申しました。ですから，株主が一番大きいとか，会社の所有者は株主に決まっているとか，そういうことは全くありません。

　また，ステークホルダー論というのは，先ほども申しましたように，ミッションの受け手の問題だということであれば，企業価値の最大化とはミッションの最大実現だというのは当たり前のことだと思います。株主に1円でも多く還元するのが会社の経営目的ではないのです。今まで教科書に書いてあったことがガタガタと崩れているという状況を，ちょっと強調したいと思います。

　石田（司会）　どうもありがとうございました。株主主権論を前提にするとステークホルダーということになるのですが，今のお話は「株主もステークホルダーだ」ということですね。それに賛同するかどうかはともかくとして，企業をそのミッションを実現するものだと考えれば，企業とはミッション実現のための組織であるという重要なご指摘であったと思います。

● 投資ファンドへの対応

　石田（司会）　それでは，河合会員の報告に対しては，森戸会員からのご質問が出ております。所用で大学にすでにお戻りになっておりますので，私の方から質問をご紹介させていただきます。

　河合会員のレジュメの8頁にかかわるところで，「投資ファンドの使用者性判断に関する見解は，すべて全くそのとおりであると思うのですが，ただ，実際上の問題として，労働委員会が救済命令を出すころには，短期的に行動するファンドは，もう会社からいなくなっているような気がいたします。実質的に意味がある何かうまい措置はないのでしょうか。労働委員会が『急いでや

れ』といわれればそれまでですが」というご質問です。河合会員の方からよろしくお願いいたします。

河合（東洋大学） はい。投資ファンドがさっさと売って出ていってしまったらどうするのかということで、おそらく労働委員会の実務的には結構気になるところと思います。

ただ、前提として、かなり支配的な地位をもつに至るほどの株式を保有しているようなケースであると、一応、短期売買規制（金商法163条以下）もあり、そう短期的に売って出ていってしまうというケースはそもそもそれほどは想定しにくいのではないかと思っています。逆に短期的に売って出ていってしまう程度の保有率であれば、労働法的な問題に発展することもあまりないのではと。さりながら、絶対にないということではありませんでしょうから、こういった場合にどうするのかということです。

1つは、事前に株主になる前に、何か労働法的にとらえうるのかということです。例えば団体交渉応諾義務という話になると、使用者性の問題が出てきて、まだ株主になってもいないのに難しいだろうという話になるでしょうから、そうすると何か立法的に規制することも考えられましょうが、実際にはさらにインサイダーの話が出てきて、なかなかこれも実行性が難しいというところです。

そういうわけでなかなかうまい措置も思いつきませんが、これも立法論になってしまうのですが、一定程度の所有をして経営に対してコミットするような場合については、「支配あるところに責任あり」だということで、あまりにも短期間の売却については歯止めを掛けるといった規制であるとか、売却時に何か説明を課すとか、そういったことは考えられるかと思います。

石田（司会） どうもありがとうございました。われわれが頭に描く投資ファンドには、短期的に売り抜いて利益を得るというような印象があり、そういう側面からみると、投資ファンドと団体交渉をやることにどれだけ実効性があるのかという質問だったと思うのです。

「投資ファンドが本当にそういうものであるのかどうか」という点については、今、河合会員からお答えをいただきましたが、では、そうした規制を行っていくことがどのようにして可能なのかということは、労働法上の問題であると同時に企業法制上の問題でもあると思います。

上村先生にばかり振って申しわけありませんが、投資ファンドの行動についての規制のあり方について、もし何かご意見がございましたら、よろしくお願いいたします。

上村（コメンテーター） 抽象的には、支配株まで株式をもてば、そこに支配株主としての責任が付いてきますし、使用者性の問題も出てくる可能性があります。ですから、いくら買ったってそうした会社法などのどろどろした責任の世界に引きずり込まれますから、純投資で止めておこう、というのが海外の常識ではないでしょうか。

要するに、投資ファンドは、支配株までは買わないというのが原則なんです。支配までいけば、まさに会社法や労働法の世界

にずぶずぶと足が入っていくわけですね。だから、やれない、というのが「投資ファンド」なのです。

ところが、日本では支配株主の責任も親会社の責任もないのですから、スティール・パートナーズみたいに、「100％買うぞ」なんていっても、にっこり笑っていられるわけですね。ですから、逆にいうと、そういう支配責任とか使用者性っていうのがもしあるとすれば、日本に出現しているような筋悪のファンドはありえなくなる。

それが、日本の場合には、何せ資本市場の規律が不十分ですから、トストネット取引のようなほぼ違法なこと（現在は明文で違法）をやっても大株主になれますし、支配株主になった後も今度は企業結合法制も支配責任もないから安心できる。入り口がいいかげんだから、怪しいのが入ってくる。出口に責任がないから怪しいままでいられる。そういう中で、日本では投資ファンドや企業買収の問題が議論されている。まして、投資ファンドの場合には、日本の場合は、匿名性を全面的に認めてしまっていますので、匿名性のある支配株主というとんでもない存在すらまかり通っていますね。

これは、さっきご紹介がありましたけれども、「イギリス会社法」では「だれが出資者か教えろ」という規定すらありますし、アメリカでも税との関係で、どこまでも追及していきます。キューバにいようとどこにいようと追及していきます。社会保険番号がありますから追跡が容易なのですね。

私が、「金融・資本市場ワーキング（グループ）」という経済財政諮問会議のワーキングの主査をしていて、いろんな人からヒアリングをしました。シンガポールでやっているファンドのトップの人に、「匿名性も維持する。そして、税金もファンド課税をするなんて、そんなことを両方実現している国なんてあるんですか」といったら、「いや、実はありません」っていっていました。

こういう悲惨な状況の中で、「防衛策はどうだ」とか何なのかといった話をしている。どこかピントがずれているのではないでしょうか。今の使用者性や支配責任との関係でいえば、「恐ろしくて、支配株主なんてなれない」とファンドに思わせるような法制を国内にも通用する形で用意しなければ、その同じ状況がファンドによって逆用されても文句はいえないのではないでしょうか。国内でやるべきことをやらないで、海外だけを排除しようとしてもだめですね。

5 倒産法制における労働者代表の位置づけ

● 倒産時における労働者代表の意義

石田（司会）　次は、新谷報告についてのご質問が2つほど出ております。お1つは、弁護士の古川景一会員からでございます。少し長いご質問ですので、古川会員ご自身からご説明をいただいた方がよいかと思います。

古川景一（弁護士）　会員の古川でございます。私の質問は、「今回の倒産法制で、労働者代表の規定が入ったわけですけれども、これをどこまで積極的に評価して

いいのか」という内容であります。

　私自身は、連合の中で倒産法制にずっと関与をしまして、参議院では法務委員会の参考人として「会社更生法」について意見陳述をしております。

　倒産法制の中に労働者代表が入ったということの経過をみますと、もちろんこれまでの倒産争議の中でさまざまな労働組合の活動があり、そういうものを反映させる必要があったという一面があるわけですが、もう一面で重要なのは、営業譲渡との関係です。

　倒産法制の整備の特徴の1つに、営業譲渡を機敏に、迅速に、効果的にやるという点があります。企業が腐ったときには、全部が腐るわけではない。3分の1ぐらいは売り飛ばせる部門が残っている。それをできるだけ早く、場合によっては数週間、数カ月のうちに、事業組織全体が腐る前に切り分けて売ってしまう。そういう特徴があります。

　平常時であれば、営業譲渡についてはさまざまな規制があります。しかし、非常事態のときには、裁判所と管財人が、直ちに、数週間ないし数カ月で売り払ってしまう。通常の手続を飛ばすわけですね。そのときに、それを正当化する1つの手続として、労働者代表の制度が入った。いわば、営業譲渡を正当化するための手段の1つとして労働者代表が入ったという側面は否定できないのではないかと考えるわけです。

　ですから、今回、労働者代表が入ったことを手放しで喜んでいいのだろうか。連合の側でいいますと、フランスの倒産法制等々を参考にしながら、実質的な労働者代表法制の導入を求め続けたわけですが、それは歯牙にも掛けられなかった。

　その辺りの問題を少し正面からみないと、あまりにこれを礼賛するような評価でいいのだろうかという疑問をもっているわけです。以上です。

　新谷眞人（**日本大学**）　ご指摘の通りだと思います。ただ、平成の倒産法制改革以前は、こういう制度も全然なかったわけで、全くの労働組合等による実力の世界だったと思います。それが一定程度、こういう形で関与の規定が入ってきたということは、「債務者・債権者協議型」という手続上のルールの1つとして労働者代表というものを設けたということだろうと思います。私としても全面的に手放しで喜んでいるわけではございませんが、それなりの意義はあろうかと考えております。

　古川（**弁護士**）　実務的にいいますと、労働者代表の意見を聞いたりすることは、この法律ができる前にも実際に行われていたわけです。

　破産管財人にしろ、裁判所にしろ、労働者の代表ないし労働組合が行けばちゃんと会いますし、意見も聞く。聞きながらやっていた。そればかりか、労働者代表の意見を聞かないと手続が円滑に進まないので、意見聴取をきちんと行うことは、管財人らの業務遂行上の初歩的・基本的事項と位置づけられ、現に実行されていた。そういう意味では、実は意見聴取だけならば、立法化されても、実務上は何の変化もないに等しい。そのうえで、労働者代表をめぐる基

本問題は，ヨーロッパ型のような同意権なり拒否権なりを伴うものなのか。それから，倒産手続上の正規の機関の1つとして位置づけて権限を与え義務を負わせるのかということなのだろうと思うのです。

石田（司会）　「同意権や拒否権がないまま労働者代表を入れても，結局，それは従来の実務とは変わらないし，入ったことによって，むしろ正当化機能をもってしまうのではないか」というのが，今の古川会員のご質問のご趣旨であったと思いますが，新谷会員，いかがでございましょうか。

新谷（日本大学）　その点は私もそのように思います。現行「破産法」その他の制度は，意見聴取，ないしは意見陳述にとどまっている限りで，非常に不十分なものだと考えております。

拒否権，同意権ということになりますと，ドイツの共同決定に近いものになろうかと思いますけれども，報告で申し上げましたのは，協議ということです。「EU指令」にもいわれておりますように，何らかの形で最終的には合意をめざすということで，双方が平行線のまま終わるということは，ヨーロッパでは考えられないわけですね。もし，労使の意見が合わなければ，ドイツでは，第三者の外部の仲裁機関を利用しまして，合意をとにかく取り付けるという形になっております。そういう方法も1つの参考になると思います。

石田（司会）　今の点は，かなり重要な問題だと思います。もし，今の点で，倒産処理法制における労働者参加の意味とか，あるいは範囲とか，あり方ということについて何かご意見等がございましたら，あるいはご質問でも構いませんが，フロアからございましたらぜひお願いできればと思いますが，いかがでございましょうか。よろしゅうございましょうか。

● 団体交渉権との関係

石田（司会）　それでは，新谷会員への次のご質問をご紹介させていただきます。弁護士の宮里会員からのご質問でございます。

「倒産法制における労働者代表の関与として，例えば，破産管財人や更生管財人などへの団体交渉をもっと重視すべきではないか。この場合は，倒産法制のように，過半数組合に限定をされない形で団体交渉権がありうるのではないか」という，括弧書きの趣旨はそうだと思います。「この点についての議論があまりなかったように思われますが，倒産法制における労働者代表の関与と，団体交渉権による集団的決定の関係をどう位置づけようとされているのですか」というご質問でありますが，宮里会員，何か質問への補足はありますでしょうか。

宮里（弁護士）　いや，ありません。

石田（司会）　では，新谷会員，よろしくお願いいたします。

新谷（日本大学）　私の報告の中では，労働組合に保障されております団体交渉権については，別に扱うという考えがあったものですから，あまり触れませんでした。まず，破産管財人，あるいは更生管財人の団体交渉における当事者性については，古くからの議論があるのはご承知の通りです

が，大阪地労委命令の「田中機械事件」で，当事者性が認められたケースもあります。

また，倒産法学でも破産管財人の法的地位について有力な説といたしましては，「管理機構人格説」という考え方がございます。これは管財人を独立した法主体とみなすというところに特徴があるようです。

この立場によりますと，管財人は，破産者の財産の管理処分権を受け継いでいる管理機構であるということで，労働者，あるいは労働組合との交渉当事者になりうるとされております。したがって，管財人の団交当事者性については，あまり問題ないのではないかと思います。

次に，労働組合等と団体交渉との関係ですが，労働組合の方は，従来通りに団交権が保障されておりますので，倒産手続にとらわれずに管財人を相手に交渉をすることができます。労働者代表の方も，もちろん各倒産法制における関与のルールに従うこともありますけれども，手続外でも臨機応変に活動することも可能だと思います。しかし，これは労働組合と違いまして，権利保障がございませんので，かなり事実行為的なものになろうかと思います。

山田（司会）　今，倒産における破産管財人や更生管財人との団体交渉の問題というものが出ました。何かこれについてございますでしょうか，弁護士の森井会員，実務の面ではいかがでしょうか。お願いします。

森井利和（弁護士）　弁護士の森井です。破産管財人や団交義務についていえば，大阪地労委の命令があるものの，実際のところは，破産管財人に団交を申し入れても，大体，「これは団交じゃないよ」と，「話し合いはするけれども，団交はしないよ」という前提で応対をされることが，まず大部分だろうと思います。

団体交渉ということなのであれば，団結を承認したうえで，対等な立場に立って交渉をするということになりますけれども，単なる話し合いであれば，「情報を提供しました。はい，終わりです」ということでも，それはそれで話し合いとしては行なわれたという評価が可能になってしまいます。破産管財人に団交義務があるということは，話し合いではすまないという点を意味しているわけですから，やはり重要な問題であると思います。

山田（司会）　突然の指名で申しわけありません。その点について何かございますか。よろしいでしょうか。

● **労働者代表に対する説明義務**

山田（司会）　それでは，戻ってしまいますけど，今日は，あまり評判がよくないのかもしれませんが，「労働者代表に対する説明義務」の問題について，菊池会員から有田会員に質問が出ております。

「譲渡・再編における労使協議，説明義務を考える際，現行法の解釈，あるいは立法政策のうえでも，その内容範囲，労働者代表に対する労使協議や説明・開示の範囲をどのように考えるか」というのが第1問の質問です。

「対労働者，あるいは労働組合に対する協議，説明義務の強化は，企業意思決定，

再編の迅速さを妨げるという見解にどう応えるか。企業再編を進めるときには迅速性が必要であるから、企業の意思決定の自由、経営権論の根本的立場からの意見とは別にこの様な意見があると思うがどう考えるか」というのが第2問です。

第3問が、「譲渡・再編をめぐる協議・説明義務を負う主体の問題です。主体はだれなのか。譲渡先、再編先の経営主体にも義務を負わせるのか。負わせるとすれば、その理論的な根拠、規範的根拠は何か」という、この3つの点に対する質問が、菊池会員から出ております。菊池会員、これでよろしいでしょうか。

有田（専修大学）　はい。ご質問をありがとうございました。最初の、「情報開示とか説明協議の対象範囲といいますか、内容範囲をどのように考えるか」ということですが、報告の中でも触れましたけれども、現行法の会社分割にかかわるものとしては、例えば、「承継法（労働契約承継法、会社分割に伴う労働契約の承継等に関する法律）」の「第7条」では、「指針（分割会社及び承継会社等が構ずべき当該分解会社が締結している労働契約及び労働協約の承継に関する措置の適切な実施を図るための指針）」の位置づけという解釈上の問題があります。指針には対象事項が、「イ」、「ロ」、「ハ」、「ニ」、「ホ」ということで具体的に列挙されておりますが、その範囲では不十分ではないかというのが、私の考え方でございます。

とりわけ、報告の中でも繰り返し触れたところではありますが、グループ外への譲渡のような場合、次々と売られてしまうというようなことがありうる。ところが、そういったことについて、今後どうなるのかといったようなことについては、触れる必要がないというような解釈がなされていて、そのような範囲の問題は対象外というようになっております。

その点で、例えばEU（欧州連合）の指令等を参考にしますと、レジュメのところにも書いております「提供すべき情報の範囲」、つまり、この範囲のものが必要なのではないか。これを前提に協議がなされる必要がある。

例えば、移転のもつ、法的、経済的および社会的意味ということで、「今後、またこれが繰り返し行われる可能性、余地のようなことがありうるのか」というようなことが含まれるのではないかと思うのですけれども、そうしたことを入れていく必要がある。

とりわけ、現行法においても、「附則第5条」の「個別労働者との協議の前提」という位置づけで考えるべきものとなります。そうすると、私の場合は立法論で考えているわけですけれども、では、承継拒否権を行使するかどうか、「自分は残る」、「付いていく」という、拒否する選択肢を取るべきなのかということについて、労働者が適正な判断をできるような情報がそこの場で提供され、それについてどのような形になるのかということについての協議がなされる必要があるのではないか、というように考えております。

それから、「迅速性ということについて、

障害になるのではないか」ということでございます。確かに協議手続を踏んでいる間に，時間が当然経過していくわけです。ただ，これも報告の中で触れましたように，現実的に企業再編をうまくやっていくためには，やはり労働者側の協力が不可欠であって，そのためには労使間での十分な意思疎通が図られている必要がある。そういう意味では，結果的には，企業再編がうまくいくためにも，実はこの協議というのは，時間がかかったとしても必要なことになるのではないか。

ただし，先ほどの新谷会員の報告のところとのかかわりにもなりますけれども，「企業倒産時に迅速に対応する必要があるというような場合の特例のようなものを考える必要があるのか」というのは，検討の余地があるのかもしれません。

それから3つ目ですけれども，この点につきましては少し迷っているところでございます。一応，イギリスの立法例などをみますと，影響を受ける労働者，そして影響を及ぼすものである移転元と移転先のすべてが協議をするような仕組みが取られております。そういう意味では，先ほどの上村先生のコメントにもありましたように，日本とはおよそ違って，非常に厳しい制約の下で企業再編というものが行われている状況が，そこにうかがわれるわけでございます。

報告では，「移転先との間での協議も必要ではないか」ということで報告させていただいているわけですけれども，この点はまだ固まっているわけでは，実はございません。場合によっては，先ほどいったような社会的，経済的，法的な意味を，あるいは今後取り入れる措置というようなことについての情報を，移転先から移転元へ伝える，開示する，情報を提供するということを，義務として課したうえで，移転元との間で協議を行わせる，というような考え方の方が，むしろ日本の現実には合うということであれば，そうした選択肢がより妥当性をもつのかもしれません。この辺は，まだ決めかねているところでございまして，論文を書くところまでには結論を得たいと考えております。以上でございます。

山田（司会） 今日の大きなポイントの1つは，「労働者代表の説明義務」ですが，菊池会員の方から2つほど質問が出ております。これは河合会員，新谷会員に対するものも含めての質問になっております。

「倒産処理，企業再編など，いわば変動危機の法を契機に，説明協議が，従来法制を大きく踏み出したと理解していいのかどうか」という質問が1つ目です。

2つ目が，「現行法上，労働者代表についての定めは，労基法上の定めがあるのみと理解しているが，これを労働法全領域に共通するものと解するのか。それは会社法制，企業法制における労働者代表の位置づけとどのような関係に立つと考えるべきか」。

次に，河合会員と新谷会員への質問なのですけれども，「厳密なことでなくていいので，各氏がどのような見方をしているのか程度のことで結構です」ということですので，各報告者の見方について，答えていた

だきたいと思います。

有田（専修大学） それでは，報告順で私の方から最初にお答えしたいと思います。第1点目ですけれども，新谷会員の報告にもありましたように，本来であれば，一般的な情報提供とか協議の仕組みが前提としてある。例えば，EU諸国のように，指令に基づいてそのような国内法の整備がなされているような環境があるというのが一番望ましいかとは思います。ただし，現行法においてそういうものがない中で，こういった変動にかかわるような局面においては，やはり不可欠なものとして，移転についての制度化が必要であるということで考えております。

イギリスの立法例を参考にみているのも，イギリスは，実はきちんとした形でドイツやフランスのような恒常的なそういう労使の協議の仕組みというものが法定化されていないところであるということで，日本に少し近い状況があるという認識からでございます。イギリスでは，こういう事業移転の局面においては，非常に細かな規定を整備し，その枠を踏まえた情報開示と協議を行うことが法律上義務づけられているという面で，参照に値するということで，それをみながら，少し日本における立法論を考えたいというように思っているところです。

2点目は非常に難しいですね。全体としての一般的な労働者代表の仕組みとの関係という意味では，ある種，特別な局面についてのルール設定ということになっているというような理解になるかと思います。2番目は，もう少しよく考えたいと思います。

河合（東洋大学） では，私の方から。まず1番の「企業再編などの変動等を契機に，説明・協議が従来法制を踏み出したと理解できるか」ということですが，私の報告に限っては，会社法の世界が中心になっていますのでその限りでということですが，その中で債権者説明会などの話は，会社法の中にもあるのでしょうが，従業員に対して何かそういうものが予定されているかというと，労働契約承継法は別としますと，今の現状ではそれはないということになろうかと思います。ただ，私の報告の中では，必要性については指摘した通りでございます。

2番についてですが，これについては全く考えを詰めておらず申し訳ないのですが，労働法上，共通した考え方が可能かというと，「必要であろう」ということはいえるのですが，今の会社法の制度からストレートに導けるかというと，今のところの議論では難しいだろう，ということになろうかと思います。

新谷（日本大学） 倒産法の関係で「法制度の中の説明・協議に関連する規定が，従来よりも大きく踏み出したかどうか」というご質問です。説明と協議で評価が分かれるのではないかと思います。説明の方は情報開示ということでしょう。これについては，今までも事実上は行われていたかもしれませんが，倒産法制のポリシーの変革として今回新たに盛り込まれたということで，一歩前進ではないかと思っております。

ただ，かならずしも「労働者代表に対して説明しろ」といっているわけではなく，

限界もあります。例えば破産法40条では，「破産者は破産に関し，必要な説明をしなければならない」とされています。しかし，よく法文をみますと，ハードルが高くて，「債権者委員会の請求，または債権者集会の決議に基づく請求があったとき」という条件が付いています。

また，破産管財人による労働者への情報提供，努力義務ですが，これも努力義務にとどまる点で，限界があると思います。

それから，労働者代表との協議という点ですが，これはほとんど盛り込まれていない状態でありまして，全然踏み出したとはいえないと考えております。

2点目のご質問は，「倒産法制における労働者代表と，労働基準法等の過半数代表とを共通して考えることができるかどうか」ということです。私は，これはちょっと疑問に思っております。

といいますのは，労働基準法の過半数代表は，一時的な，個別的な事項に関する労使協定のための代表です。それに対して，今回の倒産法制における労働者代表は，かなり広範な機能が期待されているのではないかと思います。つまり，ある程度常設的な労働者代表が想定されているように思われます。両者は機能と性格が異なっておりますので，従来の労基法の過半数代表を倒産法制上にもち込むのは，疑問であると考えております。

● 使用者責任の契機

山田（司会）　次に，本久会員と河合会員の報告の両方に共通するものですが，関西大学の川口会員からの質問です。持株会社，これは純粋持株会社で，本久会員から報告があったモデルケースですね。それから投資ファンド，これは河合会員の報告があった「持株会社と投資ファンドでは，使用者責任がどう違うのか，その違い，異同ですね。同じものと違うもの。それから，法的根拠をご説明ください」ということです。

これは本久会員の報告では，特に純粋持株会社の関係で，地位確認や損害賠償の問題が議論されたと思うんですね。河合会員の報告では，投資ファンドの労組法7条2号の問題が議論されたと思いますので，川口会員からこの使用者責任の具体的な意味を説明していただけますか。その後に，報告者に回答していただきます。

川口（関西大学）　どうも度々すみません。お聞きしたかったのは，本久先生は，「持株会社の場合と子会社の労働者の間に，一定の関係はない」というふうにおっしゃったんですけれども，一定の関係がない場合は，解釈論上も立法論上も私法上も公法上も，義務や責任がないのは当然で，今回取り上げられたのは，何らかの一定の関係があるから取り上げられているのだと思うのですけれども，労働者との関係で。

ただ，その一定の関係が，本久先生が取り上げられた純粋持株会社の場合であれば，当該労働者を雇用している企業の資本を，100％出資をしていて，かなり経営にも実質的な影響を与えている。かつ，それはかなり恒常的なものだと思います。

河合先生が取り上げられた投資ファンド

の場合は，いろいろ実体があるとは思いますけれども，場合によってはかなり一時的な場合もあり，出資の度合い，それから，経営に対する支配の度合いもかなり違うと思います。かなり広く，一定の支配ができるだけのものがあればというふうに，広く対象とされたと思うんです。

そうはいっても，それぞれの当該労働者との関係には違いがありますので，その両者について，例えば解釈論上，それから立法論上でそれぞれご指摘があったと思いますけれども，違いはわかるのですけれども，具体的に何が根拠で違ってくるのかという問題です。

それから，労組法「第7条2号」の使用者に該当するかどうかという関係で，例えば，「投資ファンドの場合と純粋持株会社の場合と同じなのかどうか」が，報告では明らかではなかったような気がします。

それから，義務もお聞きしていて，私法上の義務を想定されているのか，何らかの公法上の義務を課すことを想定されているのかということがわかりづらい面があったので，もしお時間があれば，そこら辺のことを整理して提示していただければと思います。

本久（小樽商科大学） ご質問をどうもありがとうございます。持株会社については私がお答えして，投資ファンドについては河合先生がお答えするという形でよろしいでしょうか。

それではまず，持株会社について私の方から申し上げます。実は違いの点については，もう川口先生がご質問の中で指摘され

た通りでございます。グループ経営っていう形で子会社を抱え込んでいて，出資をしていて，継続的な経営を行っているというところが，投資ファンドと大きく違うところだと思います。

使用者責任ということですけども，今回は本当に限定してお話をしております。実は，「親子会社と労働法」っていうおおげさな題名が付いておりますけども，問題領域は膨大でございまして，例えば，賃金債務の保証の問題であるとか，あるいは労働条件変更の問題であるとか，種々さまざま，いっぱいあるのです。その中でもただ1点，解散・解雇の場合だけを今回取り上げたということでございます。その場合には，先ほど報告したような筋で，何とか関係というものを。つまり，私の発想っていうのは，「子会社労働者と親会社との関係ではなくて，親会社と子会社との関係から何らかの責任が生じないのか」という発想でやってみたということですね。そこでは，今日報告したような形での責任を課すことができるのではないかということでございます。

それから，行為義務のレベルですね。これは渡辺先生からもご質問いただいた点かと思いますが，私法上の義務というふうに考えております。私法，公法ということでいえば，私法の方に属するというふうに考えております。とりあえず，以上でございます。

河合（東洋大学） はい，ご質問をありがとうございます。投資ファンドの使用者性の話ですが，先ほど川口先生からの質問の中にございましたように，投資ファン

ドの場合は，純粋持株会社のように比較的パターンが決まっているものと違って，かなり多種多様で，それによって使用者責任も違ってくるということになるのです。本久先生との共通点をいいますと，株主という意味での性格は同じだということでしょうが，ただ使用者責任をどういう形で相手に期待するのかという話になったときには違ってくるのではないかということです。

例えば，持株会社の場合であれば，場合によっては雇用責任を直接問うということができても，投資ファンドの場合は，かなりの数の人間が投資ファンドから来ているというような場合でも，最後は投資ファンドに雇用責任を求めるというようなことが事実上困難であり，その辺りが違うということです。もちろん投資ファンドであっても，場合によっては純粋持株会社と同じような責任が発生することがありうるということは指摘しておきます。

その次に，「第7条2号」の話になります。投資ファンドに期待するところということでいいますと，団体交渉によって何を期待するのかというと，一定の労働条件の獲得と，あるいは維持というようなところよりは，この辺りがまだ私もあまり整理ができていないのですが，むしろ説明や説得といった辺り，さらにいえば，団体交渉それ自体が保護法益というようなところがあるのではないかと。そういったところから，この「第7条2号」の問題を取り上げたのです。

行為義務のレベルで，私法か公法かということになると，私法上の責任というよりは，公法というか，行政救済の中でというのが一番現実的ということで紹介したものでございます。

山田（司会）　次に，米津報告についての質問が入っております。

6　企業の変化と労働法

● 契約保護の意義と変化

山田（司会）　関西大学の川口会員から，「合意によって形成された法的地位が，それ自体として対世的効力をもつ保護法益としての性格を帯びるというのは，具体的にどういう意味でしょうか」という質問です。

米津孝司（中央大学）　川口会員のご質問は，このようにいうことが実定法上にいかなる意味をもつのか。とりわけ解釈論上どのような意味をもつのかもっと説明せよというご趣旨と理解してお答えいたします。

実定法学上のインプリケーションはいろいろありうるのですが，本日のシンポで議論された親会社や事業譲渡先など第三者の責任に関連して申し上げるならば，いわゆる契約侵害，債権侵害の法理を労働関係において肯定するための規範的根拠を獲得するということがあります。契約侵害，あるいは債権侵害は，従来，それが認められるのはかなり例外的なことであり，故意，あるいは害意が必要であるという理解が一般的にあったと思います。しかし民法学においても近年は，かなり状況に変化がありまして，「過失によっても契約侵害が成立可

能である」という議論が，かなり有力化しております。この場合の「故意」の理解の仕方にもよるのですが，私は，労働契約においては，このような故意や害意，少なくとも「害意」というものは不要であると考えております。

一般に，契約保護という場合，その内容は，いわゆる存続保護と契約条件の内容保護ということになるわけですが，「契約保護」と把握することで，その要保護性の水準が，合意の内容，契約の解釈，あるいは契約関係の実態に応じて変化することになります。先ほど，「労働関係が多様化している中で，どのようにそうした問題をとらえるのか」という質問も出ましたけれども，その多様で，複雑な法益の状況に応じてこれを調整することが可能な判断枠組みがこれによって確保されると考えます。

先ほどの川口会員の本久会員への質問を聞いていて，おそらく債権侵害構成ではなくて，信義則構成でいくべきだというお考えが川口会員にはおありなのかなという印象をもちました。先ほどのご発言がありましたように，「一定の社会的な接触の関係に，ある当事者間において信義則上認められる義務である」ということで，安全配慮義務論において形成されてきた考え方をさらに発展させれば，親会社や事業譲渡先の民事責任を肯定できるではないかという議論の可能性も，なくはないかもしれません。しかし安全配慮義務が問題とされてきたのは，ダイレクトに人格権侵害のケースですし，これが労働契約の存続保護の領域でしかも直接の契約関係にない第三者の責任根拠とすることがどこまで可能かについては今後の課題なのだろうと思います。

ぜひ川口会員にそういう議論を展開していただければ，契約侵害構成との異同，双方のメリット・デメリットが明らかになってゆくだろうと思いますので，僭越ながら大変楽しみにさせていただきたいと思います。

山田（司会） 川口会員，いかがでしょうか。質問への回答になっていたかどうかということです。

川口（関西大学） 川口です，どうもすみません。報告もそうなのですけど，大変抽象度の高いご返答なので，もう少し具体的に，「どういう場面を想定して，だれが何を害したときに，どういう理論を使っていこうとされているのか」というところをもう少し説明していただけると，他の方はわかっていらっしゃるのかもしれませんけれども，私としてはありがたいです。

山田（司会） 例があれば，具体的な例で説明して欲しいということだと思います。

米津（中央大学） 例えば，親会社の資本や役員派遣によって経営が支配されている子会社が真実解散し，その際，子会社による解雇のプロセスに違法があり，親会社が支配力を行使してその違法を是正することが可能であるにもかかわらず，これをあえてしなかったというような場合を想定してください。従来の枠組みでは，法人格否認の法理による他は，親会社の責任を問うことは困難であったかと思います。また事業譲渡において，譲渡先企業の雇用責任

シンポジウムの記録

についてはこれまでさまざまに論じられ，一定の判例法理の到達もあるわけですが，包括的雇用責任が「あるかないか」というオールオアナッシングの法的判断しかなかったわけで，その中間的な解決方法としての損害賠償については，あまり論じられてこなかったかと思います。派遣先や専属的取引先の責任についても同様です。契約保護・契約侵害という問題の立て方によって，包括的な雇用責任にまで至るさまざまなグラデーションがありうる譲渡先・親会社・派遣先・専属的取引先企業等の非難可能性の程度に応じた民事責任を問いうる枠組みを規範的に根拠づけうるのではないか，というのが私の問題提起の意図するところです。

従来，解雇について損害賠償請求が認められるのはあくまで例外的なケースで，かつ慰謝料にとどまるというのが一般的な理解だった思います。違法解雇の効果はあくまで無効であるという前提がそこにありました。ご存じの通り学説では得べかりし賃金について損害賠償請求を認めるべきだとの議論はあり，近年これを肯定する裁判例も登場してきております。しかしそこでは親会社等の第三者に対する損害賠償請求を積極的に根拠づける議論が展開されたわけでは必ずしもありません。また効果として損害賠償を肯定することの機能的なメリットは語られるのですが，違法な法律行為の効果は無効であり，また損害賠償請求権は本来の履行請求権が転形したものであるとするドイツ流の法律行為論や債権転形論の上に築かれたわが国における債権法理，違法解雇の効果論の学理的な克服という点で課題を残すものであったと考えています。もちろん本報告でそれが果たされたわけではありませんが，ともかくも問題の所在を指摘しておきたかったということです。

そして端緒的ではあれ，近年のいくつかの判例にその手掛かりがすでに示されてきており，レジュメに挙げましたいくつかの裁判例が，まさにそれでございます。「契約侵害」という言葉をこれらの判例はかならずしも使ってはいないのですが，いっていることの内容は，かなり契約侵害構成に親和的だと私は理解しております。

山田（司会）　米津報告は，最初はかなり原理論的というか，哲学的な際から，後半の方はかなり具体的な判例に踏み込んだ形で報告されておりますので，後者の「判例法理の変化にみる労働契約保護」という，この部分に対する何かご質問やご意見があれば伺いたいと思いますけれども，いかがでしょうか。

● 判例法理の展望

小林譲二（弁護士）　弁護士の小林です。先生が挙げられた，「Ⅲ　判例の変化にみる労働契約保護」という点ですけれども，これは現在の実務においては「派遣法（労働者派遣法）」が制定される以前に積み重ねられてきた判例法理が，派遣法によって一気に崩されたような形になっています。そして判例が「法人格独立性の強調」というのは，先生がおっしゃる通りです。また事業者，使用者の主観的な意思，要するに労働者を直接雇用しないという「意思」の

強調も強まっているように思います。

　先生が，ここに挙げられている3つの判例，特に松下プラズマディスプレイの事件ですけれども，労働者供給関係における三面関係において，松下プラズマディスプレイ事件・大阪高裁判決は，労務供給先の雇用責任を認め，しかも最初の偽装請負の段階で違法・無効だという法律構成を取っています。私自身は，民法623条と職安法44条が使用者の労働者に対する直接雇用の原則を前提としていると解されることから，労働者と労務提供先との間で黙示の労働契約が成立するかの問題は，先生のおっしゃるように，この民法と職安法の観点からの規範的な解釈の問題だと思います。したがって大阪高裁判決は，契約の解釈の手法としても，また労働者保護という観点からも妥当であり，最高裁でも当然に維持されるべきだと思いますが，従来の安田病院事件の最高裁（最高裁判所）判決の法理の適用において，当事者の意思を強調すると，最高裁の判断が厳しいものになってしまう危険があるように思います。その点も含めまして，先生のご意見をいただけたらと思います。

　米津（中央大学）　安田病院のケースは，派遣元がかなり形骸化をしている，その事業としての実体が乏しいケースであったと思うんですね。松下プラズマディスプレイのケースは，独立した企業としての実体があったにもかかわらず包括的な雇用責任を肯定しているわけですから，これは従来の判例法理を大きく前に踏み出す内容のものであると思います。

報告の中でも申しましたように，このケースでは，黙示の労働関係，黙示の合意を肯定できるかどうかということが最大の論点のわけですが，大阪高裁は，客観的な事実関係と規範的な評価，これを重視している。法律構成としての洗練化は必要ですが，私は，そのスタンスというのは，基本的に肯定されるべきものであると考えています。

　山田（司会）　その他に米津会員に対する質問，ご意見等がございましたら，どうぞご自由にご発言いただきたいと思いますけども，ございませんでしょうか。

7　総　　括

● 労働組合の意義

　山田（司会）　それでは，そろそろ時間もまいりました。後にも時間はあるのですけども，全体的な報告，議論の中で，何かご意見があれば頂戴したいと思います。どなたか，総括的なことも含めて，今日のシンポジウムに対するご意見，感想でも結構です。なければ，大変申しわけないですが，連合の熊谷会員。連合でもこの問題に取り組んでいらっしゃると思います。もしよろしければ，ご意見等を伺えればと思います。

　熊谷謙一（連合）　会員の熊谷でございます。今日は大変勉強をさせていただいて，ありがとうございました。

　企業法制と労働法，労働者と労働組合の位置づけというのは，連合にとっても大変大きなテーマでございます。最近では特に

PEファンド，ヘッジファンドの問題などについて，相当大きな動きがありまして，上村先生にもご指導をいただいて，新たな対応策を検討しており，イギリスとアメリカに調査団も出してまいりました。

そういう中で，私たちは，やはり会社法，企業法の問題についても，労働法と両輪でもう一度見つめ直しませんと，いろいろな問題に十分対応できないということを改めて痛感しております。現在，ファンドの問題などについても勉強を続けているところでございます。

そのようなことから，労働法の先生方には，会社法についてもご遠慮なく，「ここは労働の立場から直したほうがいいんじゃないか」という提起をお願いしたいと思っております。

山田（司会） 1つお伺いしたいのですけども，この報告では，労働組合との協議義務等が強調されたんですが，労働組合にとってそれはどういう意味合いをもっているか。もしありましたらお答えいただきたいと思います。

熊谷（連合） 今のお話は，広くいいますと労働組合，労働者がどういうふうにこの制度の中に参加していくかということだと思います。これは企業法制全般にかかわることで，連合の基本的な考え方というのは，労働者の代表が制度的にきちんと参加していくということ。協議にとどまらずに参加していくということ。そのためのきちんとした法的枠組みを整備する。それは，会社法，企業法制の中でもぜひ実現していきたいということです。もちろん，労働組合として，まず集団的労使関係の中できちんと解決するという姿勢が基本ですが。

山田（司会） 突然での指名で申しわけありません。熊谷会員の発言について，何かご意見があるでしょうか。

菊池（西南学院大学） 熊谷さんのご発言は，労働組合としては当然のご発言だろうという気はいたしますが，私が，先ほど来，報告者の方にご質問を申し上げていたのは，1つには，今までわれわれがやってきた労働法では，労働者の代表としては，労働組合が正面に立って，法の保障の構造でも労働組合の団体交渉権の保障という形で動いてきたと思います。

だが，今日のご報告に共通することは，むしろ労働組合としてではなくて，従業員，労働者に対しての説明開示であるとか，労働者集団の代表との協議とか，そういう形の表現が表に出始めている。これは従来の集団的労働関係という発想とは違った視角からの，労働者の権利なり，利益保護の枠組みが強く出始めたというふうに理解すべきなのか。それとも，これは倒産，企業再編という場面での緊急事態でのことにすぎないというふうに理解すべきなのか。これからの労働法を展望するには，かなり重要なことではないかと思ったので，いろいろと，「皆様はどういうふうにご覧になっていますか」と質問をしたのです。

申し上げるまでもないと思うのですが，残念ながら，日本の労働組合は今日，それほど力をもっておりません。現在の組織率からいっても，「労働者全体の利益を代表するものとして，労働組合の権利を明確に

しさえすれば労働者の権利が守れる」ということにはならない段階です。特に倒産や企業再編の場面での雇用，労働者の利益保護について，「労働者（従業員）集団そのものに説明せよ」ないしは「労働者（従業員）集団の代表と協議せよ」といういい方になるのは，「労働組合に対する団体交渉権の保護」とは別個の事柄として考えられているのか。今日では，すでにその役割を労働組合に対して期待することはできない，というのか。従来，労働法学の立っていた基盤は変化しているという主張も込めたものなのか。というのが，私が一番関心を惹かれたところです。

山田（司会） ありがとうございました。

大町明（UIゼンセン同盟） はい。

山田（司会） はい，どうぞ。

大町（UIゼンセン同盟） UIゼンセン同盟の大町といいます。私は，傍聴で来たのですが，発言させていただいてもかまいませんか。

労働者の中のどの層を対象として「労働者」といわれているのか。100万人のUIゼンセン同盟では，正社員が5割，パートが4割，介護と派遣の労働者が1割の構成になっています。特に派遣法の問題では，内部で議論が相当分かれております。派遣労働者の立場からみた派遣法改正なのか，正社員の立場からみた派遣法の改正なのか。雇用と生活を守るために，どちらをどう調整すればよいのかというのが，問題なのです。

「労働者」と一言でいわれるのですが，どの労働者を指すのか。「労働組合」といわれても労働組合のどこを指すのか。正社員だけの労働組合もありますし，正社員と非正社員を組織している労働組合もありますので，労働者の中身をもう少し吟味して，よりよい労働法制になるように，先生方にお願いしたいと思います。

山田（司会） そろそろ終了の時間なのですけど，総合的・総体的にみて，今日のシンポジウムを踏まえて，何かご意見があれば伺いたいと思います。

● **企業結合法制へのアプローチ**

山田（司会） それでは，せっかく上村先生においでいただいておりますので，今日の議論を総括というか，ご感想を含めてご意見を伺いたいと思います。

上村（コメンテーター） 私は，労働法についての基礎知識がありませんので，一応，会社法の中で，労働者を真っ当な構成員として考えられる。会社とはミッション実現の組織だといえば派遣だって当然に入ると思っています。もちろんドイツでは，労働者は経営の中枢に組み込まれている。英国でも労働者の地位が非常に高い。フランスでは合併に労働者の承認がいる。日本だって，本当は当たり前のことではないでしょうか。

ただ，例えば本久先生のご報告にありましたけれども，企業結合法制があるとすれば，これはかなり状況としてはよいといえるようには思います。しかし，企業結合法制ができても足りない部分こそが問題ですね。つまり，企業結合法制ができた場合に，

子会社債権者が保護されることになりますので、労働者も今よりはましな立場になります。しかし、そこで通常考えられているのは、「賠償請求」の話なのですね。

それから、子会社の少数株主が保護される、というのも、「十分な対価によって」出ていかせるようになればよい、という話ですが、それが労働者となると、何もないよりはましですが「出ていけばいい」でも「金銭賠償すればいい」という話ではありません。

つまり、会社法の企業結合法制が、難しいかもしれませんが、また遅いですけれども、仮に十二分にできたとしても、労働法の立場としての企業結合法制はこうあるべきだ、ということを、商法、会社法に対して突き付けるということが必要じゃないかと思います。

先ほどの本久先生のお話を聞いていますと、そうした問題意識をもって、いろいろな角度から根拠をみいだそうと苦心されていることは、大変すばらしい姿勢だと思いました。

あとは、最終的には、労働者は、そのまま消費者であり地域住民である生身の人間の代表ですから、市民社会と一体の企業法制を考えた場合には、企業法制の主体である市民、消費者や、地域住民や株主に比べても、労働者が一番頼りになるパワーのある主体であるはずです。そういう意味では、本格的な市民社会の再構築と一体の企業法制や資本市場法制を構築していく場合の中心的な担い手になるのが労働者だというぐらいに考えていただいて、だからこそ、会社法学と一緒にやっていくことが必要です。

「人間を取り戻す」といっても、現実の社会には、何となく受け入れてしまっている過剰な権威がいっぱいあって、とりわけ先ほど申しましたように、日本では過剰すぎる法人の権威、過剰すぎる資本市場の権威、それから、過剰すぎる所有の意味、等々ですね。

これらの過剰なるものを取り除いていくことで、ようやく本来のものがみえてくると思います。労働者は個人、市民が大事だ、大事にせよ、大事にせよ、保護、保護といっても、前提に過剰なものを置いてしまったら、いくら頑張ったってそれを引き上げることは難しいと思います。そういう意味では、われわれはもう一回、企業法制や会社法制が安易に認めてしまっているそういう過剰なものを一個一個検証して過剰ならその権威を疑うことで、相対的に市民や労働者の地位を上げていくことが必要だと思います。労働法はそうした認識を共有することで、生身の人間としての、市民としての真の姿に肉薄できるようになっていくのではないかと思っております。

会社法などという信用できないものと一緒にやると碌なことはないのではないかと思っている方も、多分たくさんおられると思うんです。しかし、市民のための会社法であり、そして、資本市場とは市民社会であることにこだわる新しい会社法、といっても実は欧米では、現実にそういうことになっているところがたくさんあります。株主が個人であることに対するこだわりは非常に大きいと思います。そういう意味で、

そういう会社法であるということをその前提にすれば一緒にやれるということが，私も先生方のご報告を聞いてよくわかりました。

そういう意味で，今日は，将来を展望すれば，やはりエポックメーキングな学会になったのかもしれません。いずれは私法学会・労働法学会合同シンポジウムなんていうのができたら，なんて思いました。ちょっとこれは難しいかもしれません。以上です。

石田（司会）　残念ながら時間がまいりました。最初の趣旨説明でお話しましたように，〈労働者が登場しない会社法〉と，〈企業が登場しない労働法〉を超えるために，解釈論，立法論の双方で何が必要であるのかを，引き続き会社法学と労働法学が対話を重ねながら問題点を探っていく必要があると思います。本日のシンポジウムがその端緒となりえれば，これ以上の幸せはありません。

お忙しい中コメンテーターの労をお取りいただきました上村先生に改めて御礼を申し上げたいと思います。どうもありがとうございました。

（終了）

回顧と展望

いわゆる名ばかり管理職の労働時間規制の適用除外　　　　　　　　　　高橋　賢司
　　　——日本マクドナルド事件・
　　　　東京地判平20・1・28労判953号10頁——

男女別コース制の下での男女別賃金制度の違法性　　　　　　　　　　　宮崎　由佳
　　　——兼松（男女差別）事件・
　　　　東京高判平20・1・31労判959号85頁——

年俸制における評価等決定権限と労基法15条および89条の「趣旨」　　　緒方　桂子
　　　——日本システム開発研究所事件・
　　　　東京高判平20・4・9労判959号6頁——

偽装請負・違法派遣における労働契約の帰趨　　　　　　　　　　　　　大橋　將
　　　——松下プラズマディスプレイ（パスコ）事件・
　　　　大阪高判平20・4・25労判960号5頁——

いわゆる名ばかり管理職の労働時間規制の適用除外
―― 日本マクドナルド事件・東京地判平20・1・28労判953号10頁 ――

髙　橋　賢　司

(立正大学)

I　事実の概要

　被告は，全国に展開する直営店等で自社ブランドのハンバーガー等の飲食物を販売することを目的とする株式会社であり，平成17年12月31日現在の店舗数は3802店（そのうち直営店は2785店）である。原告は，昭和62年2月，被告に社員として採用されると（マネージャートレーニー），同年7月にセカンドアシスタントマネージャーに，平成2年1月にファーストアシスタントマネージャーに，平成11月10月に店長（伊奈町店）に昇格した。その後，東松山丸広店等の店長を経て，平成15年2月から125熊谷店の店長を務めている。
　本件は，被告会社の直営店の店長である原告が，「監督若しくは管理の地位にある者」（労働基準法41条2号）の管理監督者には該当しないとして，未払いの時間外割増賃金等の支払いを請求した事案である。

II　本判決の内容

　原告が管理監督者にあたるといえるためには，店長の名称だけでなく，実質的に労働基準法41条2号の趣旨を充足するような立場にあると認められるものでなければならず，「具体的には，①職務内容，権限及び責任に照らし，労務管理を含め，企業全体の事業経営に関する重要事項にどのように関与しているか，②その勤務態様が労働時間等に対する規制になじまないものであるか否か，③給与・（基本給，役付手当等）及び一時金において，管理監督者にふさわしい

待遇がなされているか否かなどの諸点から判断するべきであるといえる」。

「店長は，アルバイト従業員であるクルーを採用して，その時給額を決定したり，スウィングマネージャーへの昇格を決定する権限や，クルーやスウィングマネージャーの人事考課を行い，その昇級を決定する権限を有しているが，将来，アシスタントマネージャーや店長に昇格していく社員を採用する権限はないし（クルーが被告に入社を申し込む場合に，店長が，当該クルーの履歴書にコメントを記載することはある），アシスタントマネージャーに対する一次評価者として，その人事考課に関与するものの，その最終的な決定までには，OCによる二次評価のほか，上記の三者面談や評価会議が予定されているのであるから，店長は，被告における労務管理の一端を担っていることは否定できないものの，労務管理に関し，経営者と一体的な立場にあったとはいい難い」。

「次に，店長は，店舗の運営に関しては，被告を代表して，店舗従業員の代表者との間で時間外労働等に関する協定を締結するなどの権限を有するほか，店舗従業員の勤務シフトの決定や，努力目標として位置づけられる次年度の損益計画の作成，販売促進活動の実施等について一定の裁量を有し，また，店舗の支出についても一定の事項に関する決裁権限を有している。

しかしながら，本社がブランドイメージを構築するために打ち出した店舗の営業時間の設計には，事実上，これに従うことが余儀なくされるし，全国展開する飲食店という性質上，店舗で独自のメニューを開発したり，原材料の仕入先を自由に選定したり，商品の開発を設定するということは予定されていない。

また，店長は，店長会議や店長コンベンションなど被告で開催される各種会議に参加しているが，これらは，被告から企業全体の営業方針，営業戦略，人事等に関する情報提供が行われるほかは，店舗運営に関する意見交換が行われるというものであって，その場で被告の企業全体としての経営方針等の決定に店長が関与するというものではないし，他に店長が被告の企業全体の経営方針等の決定過程に関与していると評価できるような事実も認められない」。

「店長は，自らのスケジュールを決定する権限を有し，早退や遅刻に関して，上司であるOCの許可を得る必要はないなど，形式的には労働時間に裁量があるといえるものの，実際には，店長として固有の業務を遂行するだけで相当の

時間を有するうえ、店舗の各営業時間帯は必ずシフトマネージャーを置かなければならないという被告の勤続態勢上の必要性から、自らシフトマネージャーとして勤務することなどにより、法定労働時間を超える長時間の時間外労働を余儀なくされるのであるから、かかる勤務実態からすると、労働時間に関する自由裁量があったとは認められない」。

「店長に対する処遇について、証拠及び弁論の全趣旨によれば、平成17年において、年間を通じて店長であった者の平均年収は707万184円で、年間を通じてファーストアシスタントマネージャーであった者の平均年収は590万5057円であったと認められ、この金額からすると、管理監督者として扱われている店長と、管理監督者として扱われていないファーストアシスタントマネージャーとの収入には、相応の差異が設けられているようにも見える」。しかしながら、S/A/B/Cの評価がありうるが、「そのうち店長全体の10パーセントに当たるC評価の店長の年額賃金は、ファーストアシスタントマネージャーの平均年収より低額であるということになる。また、店長全体の40パーセントに当たるB評価の店長の年額賃金は、ファーストマネージャーの平均年収を上回るものの、その差は年額で44万6943円にとどまっている」。

「店長の週40時間を超える労働時間は、月平均39.28時間であり、ファーストアシスタントマネージャーの月平均38.65時間を超えていることが認められるところ、店長のかかる勤務実態を併せ考慮すると、店長の賃金は、労働基準法の労働時間等の規定の適用を排除される管理監督者に対する待遇としては、十分であるといい難い」。

以上によれば、被告における店長は、その職務の内容、権限および責任の観点からしても、その待遇の観点からしても、管理監督者にあたるとは認められない。

Ⅲ 本件判旨の検討

1 本件判旨の位置づけと射程

本判決は、従来の裁判例における「管理監督者」をめぐる判断基準と同様、経営者と一体的な立場にある者か否かは、(1)経営・労務管理の決定に参画して

いたか否か,(2)出勤,退勤について厳格な制限を受けない地位にあるか否か,(3)給与および一時金において管理監督者にふさわしい待遇がなされている否かを判断基準としている²⁾。

(1) 労務管理上の権限など重要な権限と責務の有無について

従来,労働基準法41条2号の「管理監督者」の該当性が肯定された裁判例は,看護婦の求人,募集のための業務計画,出張の行動計画,被告本部・被告経営の各病院の人事関係職員の指揮命令があるという事案³⁾,あるいは,経理・人事,庶務全般の管掌が委ねられていたという事案⁴⁾,経営企画室のメンバーとして賞与・昇進・昇給等に関する審議・具申権限がある事案⁵⁾,採用権限や終業点呼・出庫点呼権限を有し経営協議会(年次決算・経営方針・交通事故処理を話し合う)のメンバーとして重要な権限がある事案⁶⁾,などであった。つまり,権限上,正規従業員の採用権限・労務管理権限まで有しているか,あるいは経営者と同視しうるほどの労務管理上の権限を有していることが必要とされている。これに対し,多くの裁判例では,「管理監督者」の該当性が否定されている。①日本型のタテ社会における多層な職位階層における従来型の「中間管理職」(サンド事件・大阪地判昭58・7・12労判414号63頁,日本アイティーアイ事件・東京地判平9・7・28労判724号30頁,ほるぷ事件・東京地判平9・8・1労判722号62頁),特に,②金融業における「補佐的管理職」(静岡銀行事件・静岡地判昭53・3・28労判297

---

1) 裁判例の中には,労働条件の決定その他労務管理について経営者を一体的立場にあることを要求するものもある(徳洲会事件・大阪地判昭62・3・31労判497号65頁など)。
2) 本判決の評釈としては,盛誠吾「管理監督者の要件とその範囲」労働法律旬報1673号(2008年)6頁,水町勇一郎「店長は「管理監督者」に当たるか?」NBL 882号(2008年)22頁,小川英郎「マクドナルド現職店長に労基法の保護を」季刊労働者の権利274号(2008年)100頁,棗一郎「『名ばかり管理職110番』と労働者・市民のための立法運動」労働法律旬報1673号(2008年)25頁,鴨田哲郎「管理職のための労働時間に関する立法政策」労働法律旬報1673号(2008年)18頁,本久洋一「ファストフード直営店店長の管理監督者性」法学セミナー53巻7号(2008年)125号,野川忍「日本マクドナルド事件」季刊労働法223号(2008年)84頁,山本圭子「ファーストフードの店長による残業手当・休日労働手当の請求」労働法学研究会報2427号(2008年)18頁。
3) 徳洲会事件・前掲注1)。
4) 日本プレジデントクラブ事件・東京地判昭63・4・27労判517号18頁。
5) パルシングオー事件・東京地判平9・1・28労判725号89頁。
6) 姪浜タクシー事件・福岡地判平19・4・26労判948号41頁。

号39頁，キャスコ事件・大阪地判平12・4・28労判787号30頁，国民金融公庫事件・東京地判平7・9・25労判683号30頁），③現場監督（光安建設事件・大阪地判平13・7・19労判812号13頁），④裁量労働型のスタッフ職（ケー・アンド・エル事件・東京地判昭59・5・29労判431号57頁），⑤店舗管理業務（パート・コック等の採用，勤務状況・労働時間管理）に限定された管理任務を任務とする店長（レストラン「ビュッフェ」事件・大阪地判昭61・7・30労判481号51頁，三栄珈琲事件・大阪地判平3・2・26労判586号80頁，マハラジャ事件・東京地判平12・12・22労判809号89頁等）などに大別できると思われる。

　本件は，事実に着目すると⑤に近い。本件判旨はⓐ採用権限（アルバイト従業員のみ。但し，OCによる二次評価・三者面談や評価会議が予定され，店長には最終的採用権限がない），ⓑ店舗での管理権限（営業時間の設定権限および店舗の閉鎖権限は限定的，メニュー開発・原材料の仕入れは自由に設定できず，商品の価格決定もできない。特に，企業全体の営業方針，営業戦略，人事等に関して被告から情報提供が行われるほかは，店長会議は，店舗運営に関する意見交換の場にすぎない）に着目して，⑴の要件の充足を否定している。この点についての被告の主張は斥けられている。上記の⑤に関する裁判例をより厳密にみると，非正規社員の採用権限，労働時間管理の権限・労務指揮の管理権限を有しているだけでは，41条2号の「管理監督者」とはいえないと判断されている。とりわけ，外食・サービス業では，管理職がこれらの権限のみを有していても，支店・店舗従業員の労務管理権限，店舗運営権限を有しているだけでは足りないとされている[7]。この判断要素は他の業種においても変わらない[8]。本件のように「マニュアル化」され簡素化された「管理業務」だけでは労務管理権限は限定されたものとみるのが適切であり，⑴の経営権限にはほど遠いことから，本判決のように，41条2号の「管理監督者」の該当性を否定すべきである。この部分は，事実の特徴を踏まえると，判旨の位置づけや射程を考えるうえで重要であるといえる。

---

[7]　例えば，レストラン「ビュッフェ」事件・大阪地判昭61・7・30労判481号51頁，三栄珈琲事件・大阪地判平3・2・26労判586号80頁，風月荘事件・大阪地判平13・3・26労判810号41頁，マハラジャ事件・東京地判平12・12・22労判809号89頁等。

[8]　東建ジオテック事件・東京地判平14・3・28労判827号74頁，自立学習塾事件・札幌地判平14・4・18判タ1123号145号。

(2) 労働時間の裁量

多くの裁判例では、タイムレコーダーによる労働時間管理[9]、欠勤・早退の有無、私用による外出不可[10]などから、労働時間についての管理者の裁量の有無が判断されている。これに対して、本件判旨は、労働時間が相当長時間に及んでいる点に着目し、「被告の勤続態勢上の必要性から、自らシフトマネージャーとして勤務することなどにより、法定労働時間を超える長時間の時間外労働を余儀なくされるのであるから、かかる勤務実態からすると、労働時間に関する自由裁量があったとは認められない」と判断している。従来とは異なり、長時間労働の存在からこの問題に関する自由裁量の不存在を認定しており、注目すべき判断をしている。

(3) 処　遇

従来は、給与および一時金において管理監督者にふさわしい待遇がなされているかについて、何ら判断しない裁判例も多く、使用者が何らかの手当を支払っても、そうした手当では不十分とする裁判例が多い[11]。これに対して、本件判旨は、店長の評価にはS/A/B/Cの評価がありうるが、そのうち店長全体の10パーセントに当たるC評価の店長の年額賃金は、ファーストアシスタントマネージャーの平均年収より低額である点、また、店長全体の40パーセントに当たるB評価の店長の年額賃金とファーストアシスタントのそれとの差が年額で44万6943円にとどまっている点を考慮し、店長のかかる勤務実態(月平均39.28時間の残業)等を併せて考慮し、適用除外するための待遇としては、十分であるといい難いと判断している。

本件判旨は、従来の判断枠組みに従い、各要素の有無を若干詳細に検討しつつ、「管理監督者」とはいえないと判断したものと評価できる。

---

9) レストラン「ビュッフェ」事件・前掲注7)、風月荘事件・前掲注7)など多数。
10) 静岡銀行事件・静岡地判昭53・3・28労判297号39頁、彌栄自動車事件・京都地判平4・2・4労判606号24頁等。
11) 例えば、三栄珈琲事件・前掲注7)。

2 「管理監督者」の要件とその判断について

労働基準法41条2号の立法段階では,労務法制審議会第六次案までは事務労働者が労働時間制度から適用除外されると規定されていた。これに対し,GHQおよび公聴会で反対に遭い,事務労働者の適用除外規定は削除された。この後,第七次案において「管理若しくは監督の地位にある者又は機密の事務を取り扱う者」「監視又は断続的労働に従事する者」に限定された[12]。この立法にあたり,「国際労働条約に於て除外されてゐる監督管理の地位にある者……を時間制の適用から除外することとし」,ILO 1号条約2条a号本条約における「監督若しくは管理の地位にある者又は機密の事務を処理する者には之を適用せず」との規定が考慮された[13]。議会の趣旨説明では管理または監督者とは,「監督の地位にある者とは労働者に対する関係に於て使用者の為に労働状況を観察し労働条件の履行を確保する地位にある者,管理の地位にある者とは労働者の採用,解雇,昇級,転勤等人事管理の地位にある者を云う」と説明されている[14]。立法直後の行政解釈では,部長,工場長等労働条件の決定その他労務管理について経営者と一体的な立場にある者と解すべきであり,名称にとらわれず,実態に即して判断すべきであるとしている。これらの職制上の役付き者のうち,労働時間,休暇,休日等に関する規制の枠を超えて活動することが要請されざるをえない,重要な職務と責任を有し,現実の勤務態様も,労働時間の規制になじまないような立場にある者に限って管理監督者として法第41条による適用の除外が認められる趣旨である(昭22・9・13発基17号,昭63・3・14基発150号)[15]。

これに対して,スタッフ職については,行政解釈は,経営上の重要事項に関する企画,立案,調査等の業務を担当する者で,ライン職の管理監督者と同格

---

12) 拙稿「管理職の雇用関係と法」日本労働研究雑誌545号(2005年)18頁(24頁)。
13) 訳語は,小西國友『国際労働法〔第2版〕』(絢文社,2001年)177頁参照。ほかに,30号条約1条3条Cに「管理の地位を占むる者」という規定があったが,1号条約の制度を採用していると思われる。
14) 『日本立法資料全集(53)』(信山社,1997年)163頁。これに対し,寺本廣作氏は,労務管理方針の決定の参与の有無および自己の勤務の自由裁量の有無を基準としている(『改正労働基準法の解説〔日本立法資料全集別巻(46)〕』(信山社,1998年)256頁)。
15) また,本件事件後,同種の労働者に対する適正な管理を求めた通達を出している(平20・9・9基発0909001号および平20・10・3基発1003001号)。

以上に位置づけられる場合には，管理監督者に含まれうるとする（昭63・3・14基発150号）。本件店長は，スタッフ職に該当すると思われるが，本件判旨も，他の裁判例と同様に，この行政解釈を採用していない[16]。しかし，企画業務型裁量労働制が厳格な要件の下で運用されているにもかかわらず，スタッフ職に関する上の行政解釈に基づいて「管理監督者」と判断された場合，管理職は労基法から比較的容易に適用除外され，労基法があえて裁量労働制の導入について厳格に要件を定めた意味が失われてしまう，という問題が生じる[17]。

さらに，秋田教授は，彌栄事件の評釈において，労働時間規制の除外を問題にする以上，(2)の就労時間を自ら決定しうる裁量権の有無の要素を重視して，管理監督者の要件充足の有無を判断すべきとの説得力ある見解を示している[18]。しかし，出退勤の自由のみでこれを判断すると，使用者が管理職に適さない賃金処遇をしなかったとしても，「管理監督者」とされてしまうおそれがある。また，管理職が経営にかかわる重要な権限がなくても，出退勤の自由があれば，「管理監督者」になってしまい，権限のない，いわゆる名ばかり管理職を生み出すおそれがある。このため，こうした解釈は望ましいとはいえないと考えられる。したがって，さしあたっては，従来の裁判例のように，管理監督者を「経営者と一体的な立場にある者」と解して，(1)ないし(3)の要件に従い判断するのも1つの解釈であると思われる。

しかし，管理職をめぐる労働時間の適用除外制度を有する西欧諸国においては外部労働市場が発達しており，労働者が労働時間規制から除外されても，転職を通じて自らの労働条件を向上できるのに対して，日本企業の管理職は，労働時間規制を除外され労働時間規制により保護されない場合でも，長期雇用システムの下で簡単に当該企業を辞められるわけではない。つまり，外部労働市

---

16) 水町勇一郎「部長職にあるスタッフ職従業員の管理監督者性」ジュリスト1338号（2007年）217頁（218頁）。

17) 水町勇一郎・前掲注16)219頁，島田陽一「ホワイトカラー労働者と労基法41条2号」季刊労働法214号（2006年）30頁（33頁），鴨田・前掲注2)21頁。

18) 秋田成就「タクシー会社営業センター係長，同補佐が労基法41条2号の『管理監督者』にあたらないとして，時間外手当および付加金の支払いを命じられた例」ジュリスト1030号（1993年）147頁（148頁）。

場の発達が遅れた日本の労働市場では，多くの管理職は，転職を通じて必ずしも労働条件を向上できる労働者ではないため，労働時間規制を不要とするわけではなく，同規制の適用から除外される正当性に乏しい。国際情勢を考慮したとする立法者も，外部労働市場の発達の有無や，自己責任に基づく管理職の交渉力の有無をめぐる差異まで考慮しないまま，管理監督者の適用除外規定を挿入したと思われる。但し，当時，多くの企業において職員の職制が現在ほど細分化されていなかった状況下で，立法者は当時の管理職層のうち比較的高い層を念頭に置いて同規定を挿入したと思われる。現行の裁判例における法解釈上，実質的には，労基法41条2号の管理監督者に該当するのは，「経営者類似の者」ないし「労務管理担当役員に準じる者」に等しい。現在，人事上，これより低位の職位の者が「管理監督者」扱いされるのは，管理監督者をめぐる裁判例や行政解釈において，概念上不明確な点があるのも一因であると思われる。より明確な法解釈を施す努力を惜しむべきではない。もし，労基法41条2号の「管理監督者」を「経営者に準じる者」および「労務管理担当役員に準じる者」と解することができれば，現代においてより一層立法趣旨にも即したものになる[19]。本条や行政解釈の改正に際しても，上のようなより明確な新解釈基準が定立されるべきではないかと思われる。

〔追 記〕 本稿脱稿後，本件については東京高裁において和解が成立している。

（たかはし　けんじ）

---

19) 特に権限に着目して，これらの者に該当するか否かを判断するのがよいと思われる。しかし，解釈にあたって，(1)〜(3)の要件を依然考慮するのも一法である。さらに，「経営者に準じる者」および「労務管理担当役員に準じる者」は，労働時間規制による保護が及ぼされなくても，転職や自己の交渉力を通じてより自己に有利な労働条件の形成が可能であると思われ，労働時間規制による保護が必ずしも不可欠とまではいえないため，労働時間規制から適用除外される正当性はないとはいえない。

男女別コース制の下での男女別賃金制度の違法性
――兼松（男女差別）事件・東京高判平20・1・31労判959号85頁――

宮　崎　由　佳

((財)連合総合生活開発研究所)

I　事実の概要

1　Y（総合商社）では，一般職（ほとんど男性）は営業部門における成約業務を中心とする業務に，事務職（ほとんど女性）はそれ以外の業務に従事させるなど，一応の区分がなされていたが，両者の境目は必ずしも明らかではなかった。他方，一般職と事務職とでは賃金体系も異なり，かつ両者には相当な賃金格差があった。

2　Yは，昭和60年に人事制度を改定。事務職から一般職への転換制度も設けたが，その要件は「事務1級資格者として能力・実績優秀な者」と抽象的で，かつ，本部長の推薦を要していた。平成9年，Yは再度人事制度を改め，従来の一般職を総合職掌とし，事務職・一般職の職掌転換要件も「一般職実務検定全教科合格，日商簿記3級，日商ワープロ3級，TOEIC 600点以上」に，さらに平成13年4月には，「TOEIC 600点以上」を削除（他方で「考課評点AB以上」追加）するなどしたが，当該要件の充足は困難であった。

3　Xら（事務職女性）は，同期の一般職男性社員との間の賃金格差を，違法な男女差別によるものと主張し，①一般職男性社員に適用されている一般職標準本俸表の適用を受ける地位にあることの確認と，②Xらと同年齢一般職の標準本俸・退職金とXらが実際に受領したそれらとの差額の支払を求めた。

4　第一審（東京地判平20・1・30労判959号85頁）は，①男女コース別採用，処遇は憲法14条の趣旨に反するが，労基法3条，4条に直接違反するものではなく，また，XらがYに入社した当時，旧均等法は努力義務規定にとどまって

いたことなどから，公序良俗違反とはいえず，②改正均等法施行の1999年以降は均等法違反となるが，この間違法とはいえない男女コース別処遇により，積まれた知識，経験に差が生じており，また，当該格差解消のため設けられた転換制度も合理的だったとして，Xらの請求を棄却した。Xら控訴。

II 判　旨

1　Y給与規定に基づく一般標準本俸表の適用を受ける雇用関係上の地位確認

平成9年4月の職掌再編を前提とすると，「Yの給与規定に基づく一般職標準本俸表」は現在既に存在しないから，Xらの地位確認の訴えは，確認の利益を欠くもので不適法であり，同請求に関する訴えを却下する。

2　賃金格差の合理性について

(1)　性差別の推認と賃金格差の合理性について

Yでは，「ほとんどすべての男性従業員（一般職）に適用される賃金体系とすべて女性である従業員（事務職）に適用される賃金体系とは異なっており，両者間には相当な格差がある」が，「勤続期間が近似すると推認される同年齢の男女社員間，あるいは職務内容や困難度に同質性があり，一方の職務を他方が引き継ぐことが相互に繰り返し行われる男女社員間において相当な賃金格差がある場合には，その格差が生じたことにつき合理的な理由が認められない限り，性の違いにより生じたものと推認することができる」。そして，格差の合理性については，「男女間の賃金格差の程度，Xら女性社員が実際に行った仕事の内容，専門性の程度，その成果，男女間の賃金格差を規制する法律の状況，一般企業・国民間における男女差別，男女の均等な機会及び待遇の確保を図ることについての意識の変化など，様々な諸要素を総合勘案して判断することが必要である」。

(2)　各期間における賃金格差の合理性について

(a)　昭和59年12月まで（職掌別人事制度導入前）の賃金格差について

Yは，「当時の社会情勢を踏まえ……職種の違いがあることを前提としてで

はなく，男女の性による違いを前提に男女をコース別に採用」・配置し，「入社後の賃金についても，その決定方法，内容が男女のコース別に行なわれていた」。「このような採用，処遇の仕方は，性によって採用，処遇を異にするというもの」であり，「憲法14条の趣旨に反するものである」が，労働基準法3条や4条に直接反するものではなく，また，企業には，広範な採用の自由があるところ，Xらの入社当時，Yが，「従業員の募集，採用について男女に均等な機会を与えなかったからといって，公の秩序，善良の風俗に反するものとまではいえない」。

また，「時期を遡れば遡るほど，……男女のコース別の採用，処遇という制度」と男女社員の「職務内容の実態は概ね合致していたものと推察できる」。他方，昭和50年代には，必ずしも「男性と女性が截然と区別される別の職務を行っているのではなく」，両者の職務が「重なる場合があることは，Yの人事担当者も認識していた」が，当時の女性社員の勤続年数の実情に照らせば，「その不一致の程度は大きくはなく，前記賃金の格差にはそれなりの合理的理由が一応あるというべきであり，この格差の存在が，雇用関係についての私法秩序や公の秩序，善良の風俗に反するものとまではいえない」。

(b) 昭和60年1月（職掌人事制度新設）から平成9年3月（新人事制度導入直前）までの賃金格差について

一般職および事務職の給与体系は，男女職務の差を前提とする従来の「男女のコース別のA体系（男性）及びB体系（女性）が基本的に維持されたもの」であるが，すでに昭和50年代から，長期勤続女性社員の中には重要な仕事を行う者が相当数おり，「少なくとも職掌別人事制度の下で，旧一般1級と同じ職務，同等の困難度の職務を行うことがあったものと推認され」，X_1，X_3，X_4およびX_5（X_5については，平成7年4月1日以降）もその中に含まれていた。そうするとこのような女性社員に関しては，一般職の給与体系と事務職のそれとの間の「格差の合理性を基礎づける事実は，平成4年4月1日の時点で既に失われていた（X_5との関係では，同人が勤続15年を経た平成7年4月1日）」。

なお，事務職の勤務地の限定は，一般職と事務職給与体系の「格差を合理化する根拠とならず，また，職掌別人事制度導入と併せて設けられた転換制度

も，その要件は厳しく，当該「格差を実質的に是正するものとは認められない」。

他方，X_2 は，平成4年4月1日時点で28年6月勤続していたが，「専門性の必要な職務を担当して」おらず，「給与の格差を違法ということはできない」。

また，X_6 も，平成4年4月1日時点で10年勤続，退職した平成8年7月10日の時点で約14年3月勤続であるが，「同人の勤続年数，この間の同人の担当職務の内容に照らし，……給与の格差を違法ということはできない」。

(c) 平成9年4月（新人事制度の導入時）以降今日までの賃金格差

「新人事制度は，従来の一般職社員は一般職掌ないし総合職掌に，従来の事務職社員はすべて事務職掌に振り分けたもので」あり，従来の「一般職，事務職の区別の根幹は，改められたものとはいえない」。また，平成9年4月当時の事務職女性社員の職務内容，「雇用の分野における男女差別の撤廃の必要性，男女の均等な機会及び待遇の確保を図ることに関する一般企業・国民間における意識」の変化・浸透にもかかわらず，「男女間の賃金格差は非常に大きかった」。

したがって，平成9年4月1日の時点において，X_3，X_4，X_5 の関係では，「同人らの賃金と同年齢の男性新一般1級の賃金との間とにすら……大きな格差があったことに合理的な理由は認められず，性の違いによって生じたものと推認され」，上記3名について「賃金を差別するこのような状態を形成，維持したYの措置は，労基法4条，不法行為の違法性判断の基準とすべき雇用関係についての私法秩序に反する違法な行為であり，その違法行為は，X_3 の関係では「同人が退職した平成19年2月末日まで」，X_4 および X_5 の関係では「少なくとも請求期間の終期である同年2月末日まで継続した」。

なお，新人事制度の導入には新転換制度も伴っているが，「少なくとも鉄鋼本部で一般職として仕事をしていくにあたり，……必ずしも高度な英語力が必須に要件となるものではな」く，特に「TOEIC 600点以上」とする新転換制度の合理性は大いに疑問であり，「転換のチャンスが広い制度とは到底認められず，また，女性の能力活用の観点を含め，転換を目指す労働者の努力を支援する配慮をした制度とも到底認められない」。

3 差額賃金等相当損害金について

(1) 差額賃金相当損害金の算定について

X_1, X_3, X_4 および X_5 の差額賃金相当損害金の算定につき，それぞれの違法な格差が生じていた期間において，「旧一般職1級の30歳の社員の月例賃金及び夏冬一時金あるいはその平均値」と各人らの「これらに対応する実際の賃金との差額を損害として的確に認定することはできない」が，上記4人に「前記差額相当の損害が発生したことは明らかであるので，民事訴訟法248条の精神に鑑み，月例賃金及び夏冬の一時金を合わせて1か月10万円の限度の損害額を認定するのが相当である」。

(2) 退職金相当の損害

すでに定年退職した X_1 および X_3 の退職金相当額の算定については，Y の「不法行為の成立が認められる時点以降，「旧一般1級と同様と評価して取り扱うことが相当であ」り，旧一般職1級相当の職能・勤続ポイントと実際の支払額との差額を同人らの「損害であると評価し認めるのが相当である」。

III 検　　討

1 本判決の位置づけ

本件は，男女のコース別の採用，処遇（いわゆる男女別コース制）の下での賃金格差の違法性が問われた事案である。日本鉄鋼連盟事件以降[1]，男女別コース制に関する判例は，当該制度とそれに基づく処遇格差を「募集・採用」とそれに起因する問題と捉えた上で，使用者側の広範な「採用の自由」と制度導入時の男女平等に関する社会的意識の未成熟や法の未整備（いわゆる「時代制約論」）を根拠に，その公序違反性を否定してきた。このような論理の下で，従来の判決は，男女別コース制の違法評価を，募集・採用にも言及する均等法の施行（岡谷鋼機事件[2]）あるいは改正（野村證券事件[3]）という法状況の変化を根拠として

---

1) 東京地判昭61・12・4労判486号28頁。
2) 名古屋地判平16・12・22労判888号28頁。
3) 東京地判平14・2・20労判822号13頁。

導いてきた。

本判決は，このような従来判例の基本的な立場を維持しつつも，男女社員が実際に担当する職務内容にも検討を加え，当該制度と実態に乖離が見られる場合に違法となり得ることを明らかにした。すなわち，本判決は，均等法以前においても男女別コース制が違法評価される可能性を示したものであり，この点において，均等法施行・改正という時間軸によって違法性を認めた前記2判決より一歩前進したものといえる。

2 本判決の判断枠組みと具体的判断について

(1) 性差別の推認について

裁判所は，「勤続期間の近似性」，「職務内容の同質性」「（比較する両職務の）重なりあい」が認められるにもかかわらず両者の間に「相当な格差」がある場合には，差別を推認できるとする。

しかしながら，本件は，とりわけ職掌別人事制度の導入以前は，制度上，男女間に仕事内容の区分があった訳ではなく，他方で，男女別賃金「制度」が存在する事案であった。本判決の枠組みは，明確なコース区分があるような場合には妥当であるが，本件の場合，男女別賃金制度の存在自体から性差別を推認できたものと思われる。

また，枠組みの内容自体にも問題が含まれている。まず，本判決は，「勤続年数」を「労働の同質性」と同列というよりはむしろ単独のものと扱っているように読めるが，男女の勤続年数の差に基づく男女別賃金表の存在という本件事実を前提にしても，なぜここまで当該要素が重要視されるのか疑問である。「勤続年数」を一要素として考慮することは否定されないとしても，当該職務の性質に鑑みそれを考慮することの妥当性は確認されなければならない。

さらに，本判決は，差別の推認に「相当な格差」を要求しているが，差別の

---

4) 石田眞「兼松（男女賃金差別）事件東京高裁判決の意義と問題点」労働法律旬報1683号（2008年）8頁以下参照。
5) 労基法4条は，男女間の異なる取扱いの存在が立証されれば足り，「同一労働」への従事は同条違反の成立要件とはされていない。石田・前掲注4）9頁以下，菅野和夫『労働法〔第8版〕』（弘文堂，2008年）150頁。

推認には、男女間賃金格差の存在で足り、その程度は問題とならない。むしろそれは、合理性判断の際に考慮される要素と捉えるべきである。[6]

(2) 賃金格差の合理性に関する判断枠組み

(a) 格差の合理性に関する判断基準について

本判決は、原審同様、賃金格差を賃金差別ではなく、職務内容の相違とそれに伴う配置、昇進の違いの結果と捉え、労基法4条違反ではなく、「公序良俗違反の成否、不法行為の成否」という観点から違法性を検討する。格差の合理性に関する判断基準であるにもかかわらず、「男女間の賃金格差を規制する法律の状況」、「一般企業・国民間における男女差別、男女均等待遇の確保を図ることについての意識の変化」が提示されているのはそのためと解される。すなわち、これはあくまで「公序良俗違反の成否、不法行為の成否」に関する判断枠組みであり、直接的に労基法4条違反を争う場合にまで妥当するものではない。

しかしながら、たとえそのように限定的に解するとしても、後者（社会的意識）を考慮することは、従来の判例と同様問題である。そもそも問われるべきは、男女役割分業の根付く社会的意識が処遇格差を正当化するのか否かであり、それを問うことなく、むしろそれを前提に格差の合理性判断の一基準として考慮することは本末転倒といわざるを得ない。

(b) 賃金格差の合理性に関する具体的判断について

第1期間の評価につき、裁判所は、まず、男女別コース制の違法性を検討する。そして、本判決も、従来判例と同様、男女別コース制を募集・採用の問題と捉え、憲法14条の趣旨に反するとしながらも、公序違反性を否定した。

しかしながら、コース別処遇という採用後の措置の問題を、募集・採用の問題に帰着させることは妥当でない。むしろそれは労働条件の問題であり、労働条件における不合理な男女間格差は公序良俗違反で違法というのが、均等法制定以前にすでに確立した判例法理であった。[7] 本件を含む男女別コース制に関す

---

6) 中野麻美「コース別人事管理をめぐる最新労働判例～兼松事件（東京高判平20・1・28）～」労働法学研究会報59巻18号（2008年）12頁。

7) 日産自動車事件・最判昭56・3・24判時998号3頁ほか。

る一連の判例は，このような判例法理に明らかに矛盾する。

　さらに，両性の本質的平等につき定める民法2条の存在も看過してはならない。すなわち，憲法14条1項の理念は同条により具現化されており，同条制定以降，当時の社会的意識にかかわらず，合理的理由なく男女間で異なって処遇することは，憲法14条1項および民法2条に反し，民法90条によって無効と評されるべきである[8]。本判決は憲法秩序と私法秩序を明確に分け，男女別コース制は私人間に直接的には適用されない憲法秩序（憲法14条1項）の趣旨には反するが，私人間を拘束する私法秩序には反しないと解することでその適法性を導いた。しかしながら，両性の本質的平等については，憲法のみならず民法2条にも定めているのであるから，性によって採用，処遇を異にする男女別コース制は民法に直接反する措置であり，また，それに基づく賃金格差は労基法4条違反となるのであって，私法秩序にも反するものである。

　もっとも，判決は，男女別コース制の一般的判断にとどまらず，当該制度と職場の実態との合致如何も検討する。当該期間では，両者の間に乖離がなく，違法としなかったが，他方で，両者に乖離がある場合の違法性を示唆する[9]。

　実際，第2期間において，裁判所は，当該期間に導入された一般職の給与体系および事務職のそれが，女性社員の勤続年数の長期化や職務内容の専門化・高度化という職場の実態と乖離したものであるとし，X_1，X_3，X_4およびX_5と旧一般1級30歳程度男性社員との間の賃金格差を違法とした。

　職務実態にも踏み込み，具体的に制度の合理性を検討した本判決は一定程度評価できよう。しかしながら，その内容にはいくつかの疑問点がある。

　まず，Xらの比較対象者として，「旧一般1級中若年者である30歳程度の男性」が選定されているが，その根拠は判旨からは明確ではない。上記4名の職務の専門性・困難度からみて，はたして「入社後8年で自立が期待される」若年の男性社員との比較が妥当なのかどうか，疑問が残る。

　また，裁判所は，X_5につき，勤続15年目になれば，同級の男性と職務が同

---

8) 和田肇「憲法14条1項，民法1条の2，同90条，そして労働契約」『労働関係法の現代的展開——中嶋士元也先生還暦記念論集』（信山社，2004年）。
9) 石田・前掲注4)7頁。

質になると判断しているが，その根拠も不明である。訴えを退けられたX_6の勤続年数が14年3月であったことを併せ考慮すると，この「15年」が評価を分ける一応の目安だったとも推測されるが，勤続年数は，職務の同質性を推定する一要素にすぎず，それのみをもって判断される性質のものではないことは先に指摘した通りである。

　なお，男女別コース制の事案では，転換制度の有無やその運用も評価を分ける基準となる。[10] 本判決は，転換要件の客観性や転換者の存在のみをもって合理性を認めた原審とは異なり，当該職務における当該要件の必要性・相当性，それが転換希望者にもたらす影響を具体的に検討しており，妥当である。

Ⅳ　ま　と　め

　本判決は，男女別賃金制度と男女社員の職務内容の実態との乖離から違法性を導いており，このような論理こそが，X_1，X_3，X_4およびX_5の救済を可能とした。しかしながら，他方で，このような結論は，コース区分にも係らず，男女間に職務内容の同質性があり，賃金格差の理由が性別以外に想定できなかった本件だったからこそ導かれたものであり，その射程範囲は決して広くない。むしろ本件は，このような論理構成をとらず，明確な男女別賃金制度の問題として処理できた事案ではなかろうか。

（みやざき　ゆか）

---

10)　転換制度の合理性を認め，適法としたものとして本件原審，合理性を否定したものとして野村證券事件東京地裁判決。

年俸制における評価等決定権限と労基法15条および89条の「趣旨」
―― 日本システム開発研究所事件・東京高判平20・4・9労判959号6頁 ――

緒　方　桂　子
(広島大学)

I　事実の概要

1　本件第1審被告であり控訴人兼被控訴人である公益財団法人Yでは、20年以上前から満40歳(希望により35歳)以上の研究職員を対象に年俸制(以下、「本件年俸制」という)が導入されていた。本件第1審原告であり控訴人兼被控訴人であるYの研究職員X_1からX_5のうちX_5を除く4名(以下、「X_1ら」という)が本件年俸制の対象となっている。Yの給与規則には年俸制について明文の規定はなく、この点について平成14年7月に新宿労基署から是正勧告を受けたものの改善されないままであった。

　本件年俸制における賃金の決定過程は次のとおりである。まず5月中旬頃までに個人業績評価を行い、次に個人業績評価と非年俸者の給与改定基準表を参考にYの役員が交渉開始の目安となる提示額を計算する。そして当該提示額を開始額として、前年度の成績や職務遂行状況、当該年度の成績の見込みと期待する職務等を前提として役員と対象職員が協議し、最終的な合意額と支払い方法を決定する。この時点で当該年度(当年4月1日～翌年3月31日)の年間支給総額等が決定されるため、すでに6月まで支給されてきた賃金は7月以降に精算される。

2　Yでは、研究室長から「付加価値計算資料」および「業績評定表」の提出がなければ個人業績評価ができないところ、平成15年度、平成16年度においては、X_1を含む研究室長らがその提出を拒んだことから、Yは職員の個人業

績評価ができなかった。そのため，この間，平成14年度の賃金額で凍結されて支給された。

しかしその後経営事情が悪化し債務超過の状態になったことから，平成17年7月，Yは人件費の削減を図るべく組織編成，給与体系および個人業績評価の方法を改め，従前は研究室長らが作成していた各資料を理事自らが作成することにした。そしてそれをもとにYは同年9月に年俸交渉を実施した。しかしX₁らについては合意が得られなかった。そのためYはX₁らについて前年度から100万円強ないし450万円弱減額した額の年俸額を決定し支給した。そこでXらは，従前の年俸賃金との差額賃金を請求するとともに将来分においても現在減額支給を受けている賃金額との差額を求め提訴した。

3　本件第1審（東京地判平18・10・6労判934号69頁）は，給与規則に則らない本件年俸制は労使慣行になっていたとし，Yが当該労使慣行を一方的に変更しそれに則って年俸額を減額することは許されないとして，X₁らの請求を認めた。これに対してYが控訴したのが本件である。

なお，本件では非年俸者であるX₅に対する給与の減額も争点となっており，同人も控訴しているが，紙幅の関係から，本稿では扱わない。

II　判　旨

Yの控訴一部認容一部棄却およびX₅の控訴棄却

1　「期間の定めのない雇用契約における年俸制において，使用者と労働者との間で，新年度の賃金額についての合意が成立しない場合は，年俸額決定のための成果・業績評価基準，年俸額決定手続，減額の限界の有無，不服申立手続等が制度化されて就業規則等に明示され，かつ，その内容が公正な場合に限り，使用者に評価決定権があるというべきである。上記要件が満たされていない場合は，労働基準法15条，89条の趣旨に照らし，特別の事情が認められない限り，使用者に一方的な評価決定権はないと解するのが相当である」。

本件においては，Yの就業規則および給与規則には，年俸制に関する規定がまったくないうえ，給与明細上年俸者の賃金は「基本給」，「残業手当」およ

び「通勤費」の費目しかないこと，給与規則の各諸手当に基づく基準額は参考資料であると明示されていること，年俸者の年俸額がYの提示した年間支給総額を下回るあるいは大幅に上回る例があることからするとYの提示する年間支給総額はあくまでも年俸交渉の参考資料ないしいわゆるたたき台にすぎないものと認められ，Yにおいて年俸額算定方法，減額の限界の有無等が確立して明示されていたと認めることはできない。したがって，「本件においては，年俸について，使用者と労働者との間で合意が成立しなかった場合，使用者に一方的な年俸額決定権はなく，前年度の年俸額をもって，次年度の年俸額とせざるを得ない」。

2　本件における年俸額の確定時期について，「Yにおいては，年俸額は各年度（当年4月1日から翌年3月31日まで）ごとに，年俸交渉によって決定されていたこと，年俸交渉は，各年度開始後に実施され，年俸額が決定された後に，その後に支給される賃金により，それまでに支給された賃金と決定された年俸額との差額が精算されていたことからすると，交渉期限の次年度への延期が合意されるなどの特段の事情の認められない限り，当該年度中に年俸額について合意が成立しなかった場合には，前年度の年俸額をもって，次年度の年俸額とすることが確定するものと解すべきである」。「Yは，年俸合意未成立の間は年俸額は確定しないとも主張するが，このように解すると，労働者が，当該年度の労務の提供を終了しているにもかかわらず，その対償である賃金の額が定まらないことになり，不合理である」。

そして，年俸額の合意が成立しなかったことにつき専らX_1らに責任があるということができない本件においては，Yは，平成17年度および平成18年度の賃金として，X_1らに対し，平成16年度の年俸額と同額の賃金支払義務を負う。

Ⅲ　検　討

1　本判決の意義──第1審東京地裁判決との相違を踏まえて

本件は，Yの研究室長または研究室員であったX_1らが，Yが一方的に組織

回顧と展望③

編成および年俸制に係る評価方法等を改定したうえで，X_1らの賃金を減額支給したことは不当であるとして，実際に支給された賃金と従前との賃金との差額等の支払いを求めた事件である。

本判決は，第1審判決に続き，X_1らの請求のほとんどを認めている。しかしながら，X_1らの請求を認めたその法律構成は第1審と本判決とでは大きく異なる。すなわち第1審は，労使慣行になっていた本件年俸制を平成17年7月にX_1らの同意あるいは就業規則の改定によることなく一方的に変更したことの不当性を問題にし，適法に労働条件変更が行われない限り従前の労働条件が維持されるから前年度実績の給与をとりあえず継続して支給すべきとする。他方，本判決はYが一方的に制度変更した点には触れていない。本判決の焦点はYが一方的に賃金減額をした点に置かれており，その観点から年俸制において使用者に評価決定権を認めうる要件，そして，使用者に評価決定権がない状況下における当該年度の年俸額の決定のあり方について論じている。

本件X_1らに対する賃金減額の直接の理由は，Yが平成17年7月に年俸制に係る評価方法等を変更したことにある。そうであるならば，事案の解決として素直なのは本件を労働条件変更の問題とした第1審判決であろう。しかし，本判決が捉えたように本件年俸制の根本的な問題は評価基準や年俸額の決定方法，不服申立の制度等詳細が就業規則等に明示されていないことにある。そのことが法的にどのような意味をもつのか，その点に焦点を当て論じているがゆえに，本判決は第1審よりも広い射程をもつ議論を展開しえたものと評価しうる。

以下では，本判決において提示された年俸額ないし年俸額決定の前提である評価の決定権限（以下，「評価等決定権限」という）を認めうる要件とその法的根拠（2），年俸合意不成立の場合の契約解釈のあり方（3）に焦点をあてて検討したい。

2 評価等決定権限設定の要件とその法的根拠

(1) 年俸制は一般に「賃金の全部または相当部分を労働者の業績等に関する目標の達成度を評価して年単位に設定する制度[1]」と定義されるが，その目的は単に賃金額決定の単位を1年とすることよりもむしろ，賃金額の決定を勤続年

数や労働時間から切り離し，その全部または一部を当該労働者の個別的な成果や実績の評価に基づいて決定，変動させることにある。そのため年俸制は目標管理制度とリンクして行われ，年俸額は労使間の合意によって決定されるのが通常である。それゆえ年俸額について労使が合意に達しなかった場合にどのように当該労働者に対する評価を決定し，当該年度の年俸額を定めるべきかという問題が生じる。

学説においては，年俸額合意不達成の場合に労働契約を解消させる，あるいは，変更解約告知を認めるといった問題処理の方法が妥当ではないということについてほぼ見解の一致がある[4]。しかしそういった場合に使用者に最終的な評価等決定権限を認めるか，認めるとする場合にいかなる要件の下においてかについては大きく2つの見解が対立している。

1つは，使用者の評価等決定権限とりわけ年俸額を引き下げる方向での決定権限の発生要件を厳格に捉え，業績等の評価方法や年俸額決定基準が就業規則等において予め明確にされている場合に限り，使用者に当該決定権限を認めるとする見解である[5]。この見解はその根拠を使用者が目標管理制度を採用することによって「当然引き受けることに同意した義務」にあるとする[6]。

もう1つは，先の見解のような限定を付すことなく，就業規則等に使用者に

---

1) 菅野和夫「年俸制」日本労働研究雑誌408号（1994年）74頁。
2) もちろん年俸制それ自体は労働時間規制や時間外労働の割増賃金支払い義務を免除する効果はないから，労働時間と切り離された賃金制度として設計するには，当該対象労働者を管理監督者（労基法41条）あるいは裁量労働制（同法38条の3，38条の4）の要件を満たす者とする必要がある。もっとも前者の場合にも深夜業規制は及ぼし（同法37条），後者の場合にはみなし時間が法定時間を超えた場合，あるいは休日・深夜労働となった場合には割増賃金の支払いが必要となる。
3) 盛誠吾「年俸制・裁量労働制の法的問題」日本労働法学会誌89号（1997年）55頁。
4) 盛・前掲注3)66頁，土田道夫「能力主義賃金と労働契約」季労185号（1998年）16頁，古川陽二「成果主義賃金と年俸制」『講座21世紀の労働法』第5巻（有斐閣，2000年）113頁。
5) 盛・前掲注3)67頁，古川・前掲注4)117頁。
6) 盛・前掲注3)65頁，あるいは同「人事処遇の変化と労働法」民商法雑誌119巻4・5号（1999年）537頁。もっとも，「当然引き受けることに同意した義務」あるいは「高度の配慮義務」が使用者にあるとして，それがどのような作用で使用者の評価等決定権限の設定を肯定ないし否定するのか，その法律構成は明確ではない。また，藤内和公「成果主義の法律問題」西谷敏他編『転換期労働法の課題』（旬報社，2003年）73頁は「プロセスが公正であることによって使用者が単独で決定することが正当化される」と説明する。

評価等決定権限を認める旨の合意または規定があればそれに従うとする見解である。また、この見解は使用者に決定権限を留保する規定がない場合にも使用者が協議に際して提示した額を最低年俸額とする旨の合意の成立を認めるというのであるから、結局は、使用者の最終的な評価等決定権限を原則として承認する考えに立つ。同見解が使用者の決定権限をこのように広く認める背景には、長期雇用システムの下で使用者の解雇権が抑制されていることへの配慮がある[7]。この見解に立つ裁判例に中山書店事件があるが[8]、同事件は、年俸制は社員の同意なくして減額することがありうる制度として設計されているとし、使用者が年俸額の協議に際して提案した額を最低年俸額とする旨の合意がされていると判断した[9]。

(2) このような議論状況の下、本判決は判旨Ⅱ1のように述べ、前者の見解に立つ法理論を示した。そしてその法的根拠を労基法15条および89条の趣旨に求めている。もっとも本判決は両条文の趣旨に根拠を求める理由については詳細に論じていない。しかし本判決の示した法理論は以下のように説明することができると考えられる。

すなわち、労働契約において賃金に関する事項はその中核であり、そこではより厳格に労使対等決定原則（労基法2条1項、労契法3条1項）の実質化が図られなければならない。それを法的に支援するために、労基法は、労働契約締結時あるいは実質的に労働契約の内容を補充する就業規則について賃金の決定方法、計算および支払いの方法等を明示ないし明記する義務を使用者に課している。このことは賃金決定方法が当事者の合意に委ねられる年俸制においても変わらない。そして、年俸制においてもっとも重要なのは年俸額の協議において労働者が真に自由な意思を表明し、それを合意に反映しうるかである。それを実現するには、年俸額交渉のルールの明確化および合意不成立の場合に、使用者に最終的な決定権限を委ねるとしても、その決定の結果の公正性を担保す

---

[7] 菅野和夫『労働法〔第8版〕』（弘文堂、2008年）222頁。
[8] 東京地判平19・3・26労判943号41頁。
[9] 中山書店事件と同旨の見解を提示するものとして土田道夫『労働契約法』（有斐閣、2008年）269頁。

る仕組みが必要とされる。つまり労基法15条ないし89条が賃金について明示・明記を義務づけている事柄は，年俸制に関していえば，本判決の述べるように「適用対象労働者の範囲，成果・業績評価基準，年俸額決定手続，減額の限界の有無，不服申立手続など」を指す。これらが明示されていない場合，罰則の対象（労基法120条1項）という公法的効果が生じるかはともかく，私法的効果としては，当該部分は空白のまま存在し，その空白部分はその後の就業規則，労働協約の規定や明示の合意によらない限り，慣行，黙示の合意によって補充されることになる。[10] しかし，その際少なくとも使用者に有利な内容，すなわち使用者に評価等決定権限を認める内容で補充されることはない。なぜなら，使用者が労基法上の明示・明記義務に反することによってより有利な権限を獲得することは背理だからである。

このように解することについては，まず，両条文がそもそも行政取締法規であるという位置づけから逸脱するとの批判が考えられる。しかし，労基法のもつ刑罰規定の側面と私法的規定の側面とを分けて，両者を別異に解釈することは可能であるし，[11] そのように解して初めて，労基法の趣旨に則りつつ，年俸制という現代的な賃金決定の方法に対応した法的規制のあり方を実現しうる。本判決が，両条文の「趣旨」を根拠としたのはそのような意図に基づくものと解される。

また本判決の法理論は，長期雇用システムの下における使用者の解雇規制との関係で均衡を欠くと批判されることも考えられる。しかし本判決は使用者の評価等決定権限をまったく認めないというものではないのであるから，この批判はあたらない。また本件のように年俸制対象者が評価のための資料の提出や個別交渉を拒む場合にも，内容的に公正な年俸制度が設計されている限り使用者の評価等決定権限は認められるのであるから，それに従った決定を行えばよい。問題は，使用者が誠意をもって交渉にあたり，それにもかかわらず年俸制対象者が合理的な理由なく協議を妨げる行動をとる場合に，公正な年俸制度を設計しそれを明示していなかったことを理由に，なおも使用者による最終的な

---

10) 土田・前掲注9）189頁参照。
11) 西谷敏『労働法』（日本評論社，2008年）39頁。

決定を認めないことが妥当かである。この点については、本判決のいうように、年俸制を導入するにあたって制度の整備を怠ったのであるから、それについて使用者が不利益を負うことはやむをえまい。使用者としてはただちに制度の是正を行うことで対処するしかない。就業規則法理ないし労働契約法を前提にすれば、合理性の要件と周知の要件を充足することによって労働条件是正を行いうるのであるから、このように解しても使用者にとって著しい不利益になるとは思われない。

以上に鑑みれば、本判決の示した法理論は妥当なものと解される。

3　年俸合意が成立しない場合の法的処理

ところで、使用者に評価等決定権限がない状況下で、年俸額についての合意が達成されなかった場合、どのようにして当該年度の賃金額を決定すべきであろうか。

本判決の結論は前年度の年俸額がそのまま維持されるというものであった。しかしこれは、年俸額の決定が当該年度中に行われ、額が確定するまでの間は前年度の年俸額がとりあえず支払われる扱いがなされていたという本件固有の事情によるところが大きいように思われる。本件の解決としてはひとまずこれでよいのかもしれないが、理論的に十分に説明されたものとはいいがたい。

本件のように使用者に評価等決定権限がない場合、そのことと前年度の年俸額が維持されるということは理論的には直結しない。しかし年俸交渉に最終期限が設定され、かつ、使用者に最終的な評価等決定権限がない場合、合意不成立のために空白となっている部分は何らかの方法によって補充されなければならず、結局は、従来の扱い等を手がかりに契約解釈を通じて行われることになる。そして、いかなる内容の契約解釈が行われるかは個別具体的な事情を勘案して決するしかない。[12]

---

[12] 西谷・前掲注11)250頁は、たとえば年俸額引き下げの協議が整わない場合には前年度の年俸額が維持されるとする考え方が合理性をもつ場合が多いとしつつ、たとえば年俸額の引き上げを行うことについては合意が成立しているものの、その額について協議が整わないといった場合には、前年度の年俸額ではなく、使用者が協議に際して提案した額を最低額とすることが合理的な場合もありうることを指摘する。

本件においても，当該年度の6月あるいは年俸交渉を打ち切った9月経過後は，平成15年度，16年度の扱いに倣い——それを「労使慣行」と呼ぶか否かはともかく——，前年度と同額で年俸額が確定されることになっていたと両当事者の契約意思を補充的に解釈する考え方もあったのではないかと思われる。

(おがた　けいこ)

偽装請負・違法派遣における労働契約の帰趨
―― 松下プラズマディスプレイ（パスコ）事件・
大阪高判平20・4・25労判960号5頁――

大橋　將
（日本赤十字九州国際看護大学）

I　事実の概要

　Xは，平成16年1月20日頃，電機部品製造Yの請負業者である訴外Aに雇用され，Yの茨木工場においてプラズマ・ディスプレイ・パネル（以下PDP）製造業務の封着工程に従事していた。当初の雇用契約書は，表題は臨時雇用契約書，期間2か月（当事者間に争いがあり，判旨からは定かでない），時給1350円であった。Xは，平成17年4月頃からYに直接雇用の申し入れをするとともに，大阪労働局に対し，勤務実態がYの従業員から直接指示・監督を受けるというもので，業務請負ではなく実質的な派遣であり，業務請負契約を装って労働者派遣事業を行う職安法44条，派遣法に違反する行為であると申告した。

　平成17年7月，大阪労働局が是正指導を行い，Aは業務請負から撤退し，Yは別会社である訴外Bとの間で労働者派遣契約を締結し，Aの雇用していた労働者をBに引き継ぎ派遣労働者として使用することにした。しかし，Xのみは派遣労働者となることを拒否して，加入した労働組合による団交を通じてYに直接雇用を要求し，平成17年8月「期間工雇用契約書」を取り交わした。その内容は，契約期間は平成17年8月22日から平成18年1月31日（ただし平成18年3月末日を限度として更新することがある），就業場所はY茨木工場，業務内容はPDP製造――リペア作業および準備作業などの諸業務，時給1600円などというものであった。Xは，雇用期間と業務内容に異議をとどめつつ，この契約を締結し，1人隔離された場所で行うリペア作業に従事した。

　Yは，平成18年1月31日をもって期間満了により雇用契約が終了したとし

図1

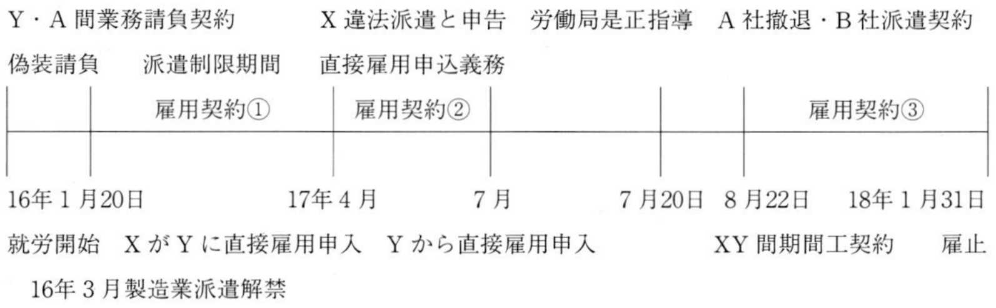

Y・A間業務請負契約	X違法派遣と申告　労働局是正指導	A社撤退・B社派遣契約
偽装請負	派遣制限期間　直接雇用申込義務	
雇用契約①	雇用契約②	雇用契約③

16年1月20日　　　　17年4月　　　7月　　　7月20日　8月22日　　18年1月31日
就労開始　XがYに直接雇用申入　Yから直接雇用申入　　XY間期間工契約　雇止
16年3月製造業派遣解禁

ており、Xは、雇用契約の存続等を求めて提訴した。Xの請求は、(1)期間の定めのない雇用契約上の権利を有することの確認、(2)平成18年3月からの賃金支払、(3)リペア作業等に従事する義務の不存在確認、(4)違法な解雇に基づく慰謝料、(5)違法な業務命令等に基づく慰謝料の請求である。

原審（大阪地判平19・4・26労判941号5頁）は、これらの請求に対し、(5)リペア作業に従事させたことが、ことさらXに精神的苦痛を与えたとして慰謝料45万円を認容し、それ以外のXの請求をすべて棄却した。これに対し、XおよびYの双方から控訴がなされた。[1]

本件の経過を図にしてみると図1のようになる。

---

1) 本事件については、本誌に1審判決の評釈である富永晃一「労働者派遣法40条の4に基づく雇用契約申込み義務」日本労働法学会誌111号（2008年）159頁が掲載されている。そこでは、論点全般にわたって評釈が行われているが、本稿では、雇用契約の成否に絞って論じることとする。また、過去の裁判例や文献についても、本稿の目的の範囲内で引用することとし、その他は富永論文に譲る。なお、本稿執筆にあたって参照した判例批評は、1審について富永論文のほか、萬井隆令「判批」労旬1665号（2008年）55頁、本庄敦志「判批」季労220号（2008年）176頁、本判決について、濱口桂一郎「判批」NBL885号（2008年）13頁、野田進「判批」法政研究75巻2号（2008年）515頁、毛塚勝利「判批」労働判例966号（2008年）5頁、労旬1682号（2008年）本判決特集の川口美貴、中野麻美、野田進、萬井隆令各論文、島田陽一＝土田道夫「ディアローグ労働判例この1年の争点」労研580号（2007年）2頁以下の本判決に関する部分である。必要に応じて、最小限の引用をするが、各論攷からさまざまな示唆を得ていることをお断りしておきたい。

回顧と展望④

II 判　　旨

　Xの控訴のうち，(1)につき，期間の定めのない雇用契約ではなく契約期間2か月で更新がある雇用契約上の地位にあることを確認し，(2)の賃金支払を認容，(3)リペア作業に従事する義務のないことを確認し，(4)，(5)の慰謝料についても増額，Yの控訴を棄却した。

1　Yとの間の黙示の雇用契約（雇用契約①）について

　原審では，本件雇用契約①は，いわゆる偽装請負の疑いが極めて強いが，「労働の提供の場において，XとYとの間に指揮命令関係があるといっても，その間に，賃金の支払関係がない場合は，両者の間に雇用契約関係があるとはいえない」。この関係の実質は，「Aを派遣元，Yを派遣先とする派遣契約を締結し，同契約に基づき，Aとの間で雇用契約を締結していたXが，Yに派遣されていた状態というべきである」。としていた。

　ところが，本判決では，YとA間の法形式上の業務委託契約においては，業務委託の実態が何ら明らかでなく「AがXを他人であるYの指揮命令を受けてYのために労働に従事させる労働者供給契約というべきであり」，「平成16年1月20日時点……においては，労働者派遣事業を，臨時的・一時的な労働力の迅速・的確な需給調整を図るための一般的なシステムとする一方，労働者に対する不当な支配や中間搾取等の危険が顕在化するおそれなどが認められる業務分野については労働者派遣事業を認めるべきでないとの労働者保護等の観点から，物の製造の業務への労働者派遣及び受入は一律に禁止され……，その違反に対しては……派遣元事業者に対する刑事罰が課されるなどされていたものであって，各契約はそもそも同法に適合した労働者派遣足り得ないものである」。そうすると，「脱法的な労働者供給契約として，職業安定法44条及び中間搾取を禁じた労働基準法6条に違反し，強度の違法性を有し，公の秩序に反するものとして民法90条により無効というべきである」「したがって，Y・A間，X・A間の各契約は締結当初から無効である」。

「労働契約の本質は使用者が労働者を指揮命令及び監督し、労働者が賃金の支払を受けて労務を提供することにあるから、黙示の合意により労働契約が成立したかどうかは、当該労務供給形態の具体的実態により両者間に事実上の使用従属関係、労務提供関係、賃金支払関係があるかどうか、この関係から両者間に客観的に推認される黙示の意思の合致があるかどうかによって判断するのが相当」であり、「Yは、Xを直接指揮監督していたものとして、その間に事実上の使用従属関係があったと認めるのが相当であり、また、XがAから給与等として受領する金員は、YがAに業務委託料として支払った金員からAの利益等を控除した額を基礎とするものであって」、「Yが、Xを直接指揮、命令監督して本件工場において作業せしめ、その採用、失職、就業条件の決定、賃金支払等を実質的に行い、Xがこれに対応して上記工程での労務提供をしていたということができる」。

「そうすると、無効である前記各契約にもかかわらず継続したX・Y間の上記実体関係を法的に根拠づけ得るのは、両者の使用従属関係、賃金支払関係、労務提供関係等の関係から客観的に推認されるX・Y間の労働契約のほかなく、両者の間には黙示の労働契約の成立が認められるというべきである」。

「労働契約の内容は、期間2か月、更新あり、賃金時給1350円等、X・A間の契約における労働条件と同様と認めるのが相当であるところ、Y従業員により上記契約成立後直ちにPDP製造封着工程業務への従事を指示され、Xがこれに応じたから、同業務が従事する業務として合意されたと解すべきである。

したがって、X主張の期間の定めがないとの点は認められず、上記認定、説示した範囲での労働契約の成立を認めることができる」。

2 「雇用契約②」の成否

雇用契約①は「労働者派遣法に適合した労働者派遣がなされていない無効のものであるから、……当然に……直接雇用申込義務が生じると解することは困難である」。

派遣法40条の4の趣旨は、「派遣受入可能期間の制限に抵触する前に、派遣先に雇用契約の申込をすることを義務づけることにより期間制限に違反した労

働者派遣が行われることを防止し，労働者派遣から派遣先の直接雇用へと移行させることにあるから，派遣先が派遣受入可能期間を超えてなお同条に基づく申込をしないまま，派遣労働者の労務提供を受け続けている場合には，同条の趣旨及び信義則により，直接雇用契約の締結義務が生じると解しうるとしても，契約期間の定め方を含む労働条件は当事者間の交渉，合意によって決められるべき事柄であって，派遣先において同条に基づき当然に期間の定めのない契約の締結義務が生じるとまでは解されない。このことは，信義則に基づく直接雇用の契約締結義務が認められる場合も同様といえる」ので，雇用契約②の成立は認められない。

3 「雇用契約③」の期間の定めの有無，効力

雇用契約③によって，黙示の雇用契約①の内容が変更されたが，Xは，契約期間と業務内容に異議を留めた上で契約書を作成したのであるから，「同契約書どおりの期間の定め，更新方法及び業務内容の合意が成立したとはいえず，他方，期間の定めのないこととする合意やPDP製造封着工程の業務に限ってこれを行うとの合意があったとも認められない」。

したがって，雇用契約③の締結後も，契約内容は雇用契約①が変更されたものであり，内容は，雇用期間2か月，時給1600円，就業内容はPDP製造業務封着工程等となる。

4 雇用契約の帰趨と不法行為の成否

以上の説示の後，判旨は，平成17年8月22日以降，期間2か月の雇用契約を反復更新しているから，本件雇止めが行われた平成18年1月31日は期間満了にあたらず，解雇の意思表示にあたる。封着工程が終了したなどの事情がなく，解雇権の濫用に該当し無効である。仮に解雇ではなく雇止めの意思表示としても，平成16年1月以来多数回にわたって更新されており，封着工程は明らかに臨時的業務でなく，継続が期待されており，更新拒絶の濫用として許されず，期間工としての地位の確認を認め，平成18年2月分以降毎月の賃金相当額の支払いを命じた。

また，リペア作業への従事を命じた業務命令および解雇・雇止めの意思表示は不法行為を構成し，精神的苦痛に対する慰謝料としてそれぞれ45万円（合計90万円）が相当とした。

III 検　　討

1　本事件の特徴

本事件は，物の製造に労働者派遣が解禁された平成16年労働者派遣法改正前から継続して製造業で労働していた非正規労働者の労働契約の性質をどう解釈するかについて判断されたものであり，1審判決の段階から関心を呼んでいたが，高裁判決は1審判決と際だった対比を見せている。

いわゆる偽装請負は，職安法44条の規制を潜脱する形態であり，「社外工」や「構内下請」などとして，製造業に多く見られる形態であった。この雇用形態の問題点は，かねて製造業における重層下請構造問題として指摘されていたが，直接職安法44条違反として立件されることはなかった。しかし，派遣法改正により「物の製造」業務に対する派遣が解禁されるに至り適法継続期間が1年とされ，その後直接雇用の申込義務が法定された（派遣法40条の4）ことによって，それぞれの期間満了に伴う派遣先からの直接雇用の申込みが課題となるに至った。

過去の裁判例においては，偽装請負について，端的に職安法44条違反を認め直接雇用の労働契約と認定した判決がいくつか存在するが[2]，本件のように派遣法改正を挟んで3段階の契約形態が問題となっているケースは，極めて珍しいといえよう。原審，控訴審ともこの点の法解釈に苦慮しており，事実認定にお

---

[2]　新甲南鋼材事件・神戸地判昭47・8・1労判161号30頁など，初期のものは偽装の程度が認定されやすい事件が多い。最近のものとして，ナブテスコ（ナブコ西神工場）事件・神戸地明石支判平17・7・22労判901号21頁があるが，このケースは，派遣法の届出をしないで違法派遣を行い，労働者の採用にあたっても派遣先の責任者が立ち会うなど，実質的にも形式的にも労働者派遣の実質を備えていないものであり，業務委託契約としての違法性を監督官庁から指摘されていた。

　学説の整理については，沼田雅之「労務供給の多様化と直接雇用の原則」日本労働法学会誌112号（2008年）35頁以下を参照。

2 当初の請負契約の法的性質

本判決の特徴は，当初のYA間の業務委託契約について，職安則4条1項所定の「適法な派遣型請負業務若しくは労働者派遣法に適合する労働者派遣であることを何ら具体的に主張立証するものでな」いから，労働者供給契約というべきであるとし，XA間の雇用契約を無効として，「継続したX・Y間の上記実体関係を法的に根拠づけ得るのは，両者の使用従属関係，賃金支払関係，労務提供関係等の関係から客観的に推認されるX・Y間の労働契約のほかなく，両者の間には黙示の労働契約の成立が認められるというべきである」とした。

原審判決は，一つひとつの契約の法的性質について個別に判断を積み重ね，雇用契約の存在については否定的な結論となっていたが，本判決では，手法を変え，YA間の業務委託契約が違法で労働者供給に該当→XY間の黙示の雇用契約①が成立→契約内容はXA間の契約通り→雇用契約③は雇用契約①が変更されたもの，という構成を採用した。つまり，職安法44条違反（偽装請負）の存在そのものが直接雇用を導き出す道具立てとして使われている。

偽装請負が，平成16年改正前の派遣法違反として罰則の対象となるという解釈のみによっては，直接労働者保護に資するところはない。その意味で，職安法違反の労働者供給であるとしてXA間の契約を無効とし，黙示の労働契約の成立を認めた点は，立法の不備を補完する意味では思い切った判断といえるが，当事者意思の存在を前提とする契約法理から考えると，若干の疑問がある。[3]

---

[3] 衆議院平成15・5・21厚生労働委員会，参議院平成15・6・5厚生委労働委員会において，次のような付帯決議がなされている。「物の製造の業務等への労働者派遣事業の拡大に当たっては，請負等を偽装した労働者派遣事業に対し，その解消に向け労働者派遣事業と請負により行われる事業との区分に関する基準等の周知徹底，厳正な指導監督等により，適切に対処するとともに，派遣労働者に対する安全衛生対策に万全を期すること。また，請負にかかる労働者の保護のため，請負により行われる事業に対し，労働基準法等労働諸法令が遵守される取組を強力に進めること」。

3 期間経過によって直接雇用関係が生じるか

判旨2では，当初の契約がそもそも派遣法に適合した契約形態ではなく，したがって派遣法40条の4の適用もないとしているが，仮に「直接雇用契約の締結義務が生じると解しうるとしても，契約期間の定め方を含む労働条件は当事者間の交渉，合意によって決せられるべき事柄」であるとして，期間の定めのない直接雇用契約の成立を否定している。たしかに従来の裁判例は，労働契約の締結時の当事者意思を尊重して，契約締結当初に直接雇用の意思がない限り黙示の労働契約の成立を認めてこなかった。[4] 本判決は，その隘路を解決するため，当初の契約について黙示の労働契約の成立を認めることによって解決したのであるが，仮に派遣法適用事例だと考えれば，派遣法改正によって直接雇用の申込義務が規定された以上，当事者がこれに反する意思表示を行わない限り，客観的条件の成就によって直接的な期間の定めなき雇用契約が成立すると解しうるであろう。

4 直接雇用契約（雇用契約③）の法的性質

判旨は，雇用解約③は雇用契約①の内容を変更した効果を認めているに過ぎないとしており，雇用契約③における2か月の期間の定めの始期および業務内容については，雇用契約①の内容が変更されたと認めず，結局賃金等の待遇についてのみ雇用契約③の内容に変更されたとしている。

本件においては，多数いる同種労働者のうちXとだけ最終的に直接雇用契約③が成立し，その終了が争われているのであるから，雇用契約③の内容を審査した上で，本件解雇の意思表示が，雇用契約③の期間満了による更新拒絶の意思表示と同視できるか否かについて判断する方法もありえたのではないか。

派遣継続期間経過後の直接雇用が，期間雇用契約であり更新拒否が自由にできるとすると，結局雇用継続の意味合いは，期間雇用分だけが延長されるということにならざるをえない。クーリング期間の存在も含め，1年（ないしは3年）の派遣期間後の直接雇用が有期契約とすると，実質的にはプラスアルファ

---

4) 伊予銀行・いよぎんスタッフサービス事件・高松高判平18・5・18労判921号33頁など。

の期間雇用を強制するに過ぎなくなる。その意味で、常用雇用の代替化を防止しようとする派遣法の趣旨から考えると、厳格に解釈するべきである。短期労働契約の反復更新を期間の定めなき労働契約と実質的に異ならないものとする判例法理からすれば、本判決においても雇用契約③を「期間の定めなき契約」と判断する余地が存したように思われる。

本件雇用契約③の内容が、Xによる大阪労働局への申告、Bにおける派遣労働者への転換の拒否、直接雇用の申入等に関する、Xの一連の行動に対する報復措置（判旨は、リペア作業への従事、解雇通告の不法行為性を認定している）を体現したものと判断すれば、これら不利益取扱いは、端的に公序良俗違反と判断できよう。そうすると、雇用契約③は、リペア作業への就業要求とともに期間の定めについても公序良俗違反として無効とする可能性もあったのではないか。

5 解雇若しくは更新拒否の濫用論について

本判決は、判旨1でXY間の黙示の労働契約の存在を認めていることによって、Yによる雇用契約終了の意思表示を解雇と捉え、解雇権濫用法理を援用している。雇用契約①が平成16年1月20日開始の2か月更新契約としているので、1月末の打ち切りは期間途中の解約になるとの前提で、解雇と判断したのか、それとも平成17年8月22日を始期とする2か月の有期契約の反復更新の途中と判断したのかは定かではないが、いずれにしろ期間満了による雇止めとの法律構成は採用していない。しかし、契約打ち切りが判旨のいう黙示の労働契約の期間満了に一致していたとしたら、解雇と判断するには無理が生じてくることになる。たまたま、雇用契約①でも、雇用契約③でも判旨の解釈によれば期間満了の期日ではなかったというだけのことであり、有期雇用を前提にす

---

5) 派遣労働者の常用雇用化を推進するという政策目的からしても、立法の不備といわざるをえない。みなし雇用制度の創設が民法623条の原則に抵触するとしても、期間の定めについて制限を設けるのは、立法論として十分考えられよう。
6) 東芝柳町工場事件・最判昭49・7・22民集28巻5号927頁参照。
7) 野田・前掲注1) 法政研究は、本稿の立場とは視点が違うが、雇用契約①を期間の定めのない契約だと判断すれば、このような矛盾は生じないという指摘をしている。

る限り，期間満了による雇止めに解雇権濫用法理を適用することは難しかろう[7]。

6 おわりに

本判決は，物の製造に派遣が解禁される前の偽装請負が労働者供給にあたるとして，派遣先と労働者の間の直接雇用の労働契約の存在を認めた。そこから出発している以上，原審で判断されている雇用契約②以降の法的性質については，本格的な検討に至っていない。

すでに触れたように，判決では，本件雇用契約を期間の定めのない契約とは認めず，2か月契約の反復更新が繰り返されてきたとしているが，結局契約の終期をどこに求めるかは定かではない。その意味では，期間の定めなき労働契約と同様の結果をもたらすのではないだろうか。繰り返しになるが，端的に雇用契約③の内容がXの行動に対する報復措置であり，公序良俗に反して無効であり，通常のPDP封着作業に従事する期間の定めなき契約に転化したものと判断する余地は十分あったものと思われる。

改めて，製造業に対する労働者派遣があからさまな雇用調節手段に使われている現状に鑑みるとき，製造業における労働者派遣のあり方について，根本的な問題提起となる本判決であり，立法政策上も影響が大きい。

立法論としては，製造業に対する派遣が予想通りの弊害をもたらしていることから，原則禁止に戻す議論も活発になると思われるが，現行法の解釈においても，継続雇用の申込義務について立法の不備を踏まえた上で，最高裁において建設的な結論が出されることを期待したい。

（おおはし　しょう）

日本学術会議報告

浅倉　むつ子
（日本学術会議会員，早稲田大学）

1　第20期の総括的報告

　第20期の日本学術会議は，2008年9月末日に3年間の任期を満了した。任期満了にあたって，第20期の活動を総括しておきたい。というのも，学術会議は第19期から第20期にかけて，大きな変動を経験したからであり，その渦中にいた者として，この変化の意味を報告しておく必要を感じるからである。

　第20期の会員として経験した変革は，次のようなことであった。①これまでの会員に年齢制限はなかったが，新たに70歳の年齢制限を設けたこと，②会員の任期を6年として，再任をなくしたこと，③210名の会員は，かつては各登録学協会からの推薦によって選ばれていたが，第20期からは会員の選考は残った会員たちが行うことにしたこと，④これまでの研究連絡委員会を廃止し，およそ2000名の研究者を今後は連携会員として，正式に日本学術会議の組織内に位置づけたこと，⑤これまで伝統的に守られてきた7部制を廃止し，人文・社会科学部門（第一部），生命科学部門（第二部），理・工学部門（第三部）制にしたことや，国際的な活動の強化のために国際担当副会長をおくことにして，副会長を3人にしたことなど，組織編成に大きな改革を加えたこと，⑥学協会に関しては，学協会による会員推薦制を廃止したことに伴い，従来の「登録学協会制」ではなく，新たに協力学協会制度を設けるようになったこと，などである。

　このような変化を経験しながら，第20期の学術会議の活動としては，まず「日本学術会議憲章」を公表したことが掲げられよう。これは第20期に公表した重要な文書の筆頭にあげるべきものである。この文書を作成した意味は，学術会議が現会員による直接推薦・選出制度をとることになったため，新たに誕生する組織の目標，責任，および義務を明確化し，それを対外的に宣言する必要があったからだ。この文書によって社会の負託に積極的にこたえることを，学術会議としては社会に対して誓約したのである。

　全体として，第20期の活動は，国際的活動，国内的活動ともに活発化し，意見の表出も表出先，表出主体を区別しながら効果的に行うことをめざして，適宜，充実した活動を行ってきたといってよい。

人文・社会科学分野の第一部会としても，科学技術政策の中にともすれば埋もれがちな人文社会科学の役割と責任について，検討を進めてきた。第20期において第一部関連の分野別委員会および分科会によって開催された公開シンポジウムは52回におよび，12件の「対外報告」「報告」「提言」を作成した。その中でも，「これからの教師の科学的教養と教員養成の在り方について」（要望），「博物館の危機をのりこえるために」（要望），「代理懐胎を中心とする生殖補助医療の課題」（対外報告），「提言・ジェンダー視点が拓く学術と社会の未来」（対外報告）などは，第一部による学術会議への貢献をよくうかがわせる文書であったといえよう。

2　第21期の学術会議について

2008年10月に第21期の学術会議がスタートした。10月1日〜3日にかけて，第154回総会が行われた。1日には，会員と連携会員の名簿が公表され，会員の任命式があった。第21期の会員・連携会員の選考は，学術会議内に設けられた選考委員会を通じて行われたものである。

さて，第20期の会員・連携会員については，移行期の特例によって，半数ずつ3年会員と6年会員に分かれており，年齢の低いほうの会員は当初から3年会員として任命されていた。会員については，第20期の3年会員は，原則として21期にも再任されることが予定されていたため，わずかな例外を除いて，ほぼ再任が行われた。先にも述べたように，原則として会員は再任なしとなったにもかかわらず，21期については移行期の例外という位置づけによる再任である。その結果，私も21期の会員として再任された。私自身は，たまたま第19期から3期連続で会員として任命を受けることになり，通常ではありえない長期間の会員になっている。このように会員の任期が長期にわたることは望ましくないことだが，これも移行期であったことの結果としてお許しいただきたい。

第21期にも，多数の労働法学会の会員が連携会員に任命されている。第20期から引き続き6年連携会員の方もいるが，それらの方々も含めて，第21期の連携会員のお名前をあげれば，以下の方々である（50音順）。石田眞（早稲田大学），井上英夫（金沢大学），奥田香子（京都府立大学），木下秀雄（大阪市立大学），中窪裕也（一橋大学），浜村彰（法政大学），林弘子（福岡大学），古橋エツ子（花園大学），水島郁子（大阪大学），盛誠吾（一橋大学），良永彌太郎（熊本大学），和田肇（名古屋大学）。また，労働法学会の会員ではないが，社会保障法学会の会員である廣瀬真理子会員（東海大学）も連携会員である。これら連携会員のご活躍によって，より学術会議の活動が広まり，かつ深まることを期待したい。

第154回総会では，役員の選出が行われ，会長には金沢一郎（宮内庁長官官房皇

室医務主管）が再任された。副会長には，大垣眞一郎（東京大学），鈴村興太郎（早稲田大学），唐木英明（東京大学名誉教授）が就任した。第一部の部長には，広渡清吾（東京大学）が選出された。なお，第一部の中にある「法学委員会」の役員は，委員長・淡路剛久（早稲田大学），副委員長・戒能民江（お茶の水女子大学），幹事・池田真朗（慶應大学），浅倉むつ子（早稲田大学）という構成となった。

　法学委員会の中では，これまでのところ，以下の12の分科会が発足している。①国際学術交流（IALS）分科会，②法学系大学院分科会，③公の構造変化分科会，④親密な関係に関する制度設計分科会，⑤IT社会と法分科会，⑥ファミリー・バイオレンス分科会，⑦立法学分科会，⑧グローバル化と法分科会，⑨リスク社会と法分科会，⑩不平等・格差社会とセーフティネット分科会，⑪法史学・歴史法社会学分科会，⑫法学の展望分科会，である。

　2008年12月12日には「法学委員会合同分科会」が開催され，そこにおいて「法学の展望」に関する非公開シンポジウムが行われた。学術会議は，今後の大きな課題として，2009年中に「日本の展望――学術からの提言」を発表する予定であるが，これに対して法学分野からの意見をとりまとめるための議論を行い，新たな問題発見と問題認識の深化を図ろうとしたものである。報告者は，井上達夫（法哲学），平野敏彦（法哲学），松本恒雄（民法），西原博史（憲法），加藤克佳（刑事訴訟法），井田良（刑法）であり，活発な議論が交わされた。

（あさくら　むつこ）
（2009年1月10日記）

◆ 日本労働法学会第116回大会記事 ◆

　日本労働法学会第116回大会は，2008年10月13日（月・祝）東洋大学において，大シンポジウムが開催された（敬称略）。

1　シンポジウム
統一テーマ　「企業システム・企業法制の変化と労働法」
司会：石田眞（早稲田大学），山田省三（中央大学）
報告内容：

　石田眞（早稲田大学）「趣旨説明」

　本久洋一（小樽商科大学）「親子会社と労働法——企業組織・企業法制の変化と解雇法制」

　有田謙司（専修大学）「合併・会社分割・事業譲渡と労働法」

　河合塁（中央大学）「企業買収と労働法——『物言う株主』時代の労働者保護法理」

　新谷眞人（日本大学）「倒産法制における労働者代表関与の意義と課題」

　米津孝司（中央大学）「企業の変化と労働法学」

コメント：

　上村達男（早稲田大学）「商法・会社法学からのコメント」

2　総　会
１．第117回大会およびそれ以降の大会について
　和田肇企画委員長の代理で島田陽一事務局長より，第117回大会およびそれ以降の大会予定に関し以下のとおり報告がなされた。

◆ 第117回大会 ◆
(1)　期日・会場
期日：2009年5月17日（日）
会場：神戸大学
(2)　個別報告
〈第1会場〉
報告者：田中達也（岩手女子高校）「ニュージーランドにおける解雇法制の展開」

司会：未定
報告者：所浩代（北海道大学大学院）「アメリカにおける精神障害者の雇用保障」
司会：道幸哲也（北海道大学）
〈第2会場〉
報告者：桑村裕美子（東北大学）「国家規制と労使自治の相克――労働条件規制の『柔軟化』をめぐる比較法的考察」
司会：荒木尚志（東京大学）
報告者：丸山亜子（宮崎大学）「有利原則の可能性とその限界――ドイツ法を素材に」
司会：西谷敏（近畿大学）
〈第3会場〉
報告者：大木正俊（早稲田大学大学院）「同一労働同一賃金原則と私的自治――イタリア法の検討から」
司会：石田眞（早稲田大学）

(3) ミニシンポジウム
〈第1会場〉
テーマ：「高年齢者雇用安定法をめぐる法的問題」
報告者：山川和義（三重短期大学），山下昇（九州大学）
司会：根本到（大阪市立大学）
〈第2会場〉
テーマ：「不当労働行為の当事者（仮）」
報告者：矢野昌浩（琉球大学），古川陽二（大東文化大学）
司会：盛誠吾（一橋大学）
〈第3会場〉
テーマ：「偽装請負・違法派遣と労働者供給」
報告者：萬井隆令（龍谷大学），濱口桂一郎（労働政策研究・研修機構）
司会：野川忍（東京学芸大学）

◆ 第118回大会 ◆
(1) 期日・会場
期日：2009年10月18日（日）
会場：専修大学

(2) 大シンポジウム
統一テーマ：「労働契約法（仮）」
担当理事：大内伸哉（神戸大学），土田道夫（同志社大学）
司会：西谷敏（近畿大学），和田肇（名古屋大学）

◆ 第119回大会 ◆
(1) 期日・会場：未定（2010年春を予定）
(2) 大会の構成
　午前中は個別報告をおこない，午後は，東アジアの労働法制に関するシンポジウムをおこなう二部構成を企画中である。後半のシンポジウムの使用言語は日本語で，山川隆一会員などにシンポジウムの企画を依頼している。

◆ 第120回大会 ◆
(1) 期日・会場：未定（2010年秋を予定）
(2) 大シンポジウム
　統一テーマは未定であるが，雇用ダイバーシティの動きを踏まえ，雇用平等を扱うことを企画委員会で検討中である。

2．学会誌について
　山川隆一編集委員長より以下の報告がなされた。
　学会誌112号について，すでに発行済みであることが報告された。また，学会誌111号が一部不着の状況にあり，現在事務局で対応中であることが報告された。
　編集委員の交代について，高橋賢司委員（立正大学）が任期満了により長谷川聡会員（中央学院大学）に交代となること，上田達子委員（同志社大学）が任期満了により梶川敦子会員（神戸学院大学）に交代となることが報告された。なお，前回大会で浜村彰委員（法政大学）が任期満了により古川陽二委員（大東文化大学）に交代となったことが報告されていなかったため，事後報告として報告された。

3．日本学術会議報告
　浅倉むつ子理事より以下の報告がなされた。
(1) 第20期の総括をおこなう。第20期でおきた変化について紹介する。第一は，これまで会員の年齢制限がなかったが，第20期から新たに70歳という年齢の制限を設けた。第二は，会員の任期を6年間として原則として再任はないこととした。第三は，従来，会員を登録学協会からの推薦で選出していたが，第20期

からは，会員が半数ずつ交代して，交代する会員が次期の会員を推薦して選出するという方法に変わった。第四は，研究連絡委員会を廃止し，これに属していた2000人の研究者を連携会員とし，会員と連携会員から構成される組織として学術会議を編成した。第五に，これまで伝統的に7部門制をとっていたが，3部門制に変更し，第1部門として人文社会科学，第2部門として生命科学，第3部門として理工学部門を設けた。最後に学協会としても，登録学協会制度を廃止し，協力学協会協会制度を設けた。このほか，日本学術会議憲章を公布した。これは，第20期の出した様々な文書の中でもっとも重要な文書である。憲章は，現会員による推薦制を設けたことにともない，新組織の目標，責任，任務を対外的に宣言するために作成したものである。

(2) 第21期の学術会議について報告する。10月1日～3日に第154回総会がおこなわれ，第21期の学術会議が開始された。会員と連携会員の名簿が公表され，任命式がおこなわれた。第20期は移行期として3年会員と6年会員に分けていたが，3年会員については特例で第21期に再任されることを予定しているものであった。そのため，3年会員に任命されていた浅倉むつ子会員が今回も引き続き会員に選出された。第21期には連携会員として多数の労働法学会の会員が選出されたので，再任も含めて紹介する。石田眞会員（早稲田大学），井上英夫会員（金沢大学），奥田香子会員（京都府立大学），木下秀雄会員（大阪市立大学），中窪裕也会員（一橋大学），浜村彰会員（法政大学），林弘子会員（福岡大学），古橋エツ子会員（花園大学），水島郁子会員（大阪大学），盛誠吾会員（一橋大学），良永彌太郎会員（熊本大学），和田肇会員（名古屋大学）。労働法学会の会員ではないが社会保障法学会の会員である廣瀬真理子氏（東海大学）も選出された。

4．国際労働法社会保障法学会

荒木尚志理事より，以下の報告がなされた。

(1) 9月16日～19日にドイツのフライブルグでヨーロッパ地域会議が開催された。50カ国から約250名が参加し，日本からは9名が参加した。菅野和夫会員（明治大学）がオープニングスピーチやクロージングスピーチをおこない，また，ラウンドテーブルでは西谷敏会員（近畿大学）が参加した。

(2) 欧州会議の前日に理事会が開催された。理事会では次期の会長が選出された。イタリアのカリンチ教授とポーランドのスベルスキー教授が2名立候補していたが，選挙の結果，スベルスキー教授が次期の会長に選出された。現会長の菅野和夫会員の任期は来年の9月の世界会議の閉会式までであり，新会長はそ

のときから。
(3) 次の世界会議は9月1日～4日にオーストラリアのシドニーで開催される。アジアにおける世界会議は15年前に韓国のソウルで開催されて以来2回目の開催となる。是非，日本の多くの会員に参加していただきたい。また，この世界会議と接続する形で，8月の最後の週に国際労使関係学会がシドニーで開催される。会議の詳細およびパンフレットについては来年の春の神戸大学での学会で配布したいと考えている。

5．入退会について

島田事務局長より退会者3名・物故会員3名および以下の12名について入会の申込みがあったことが報告され，総会にて承認された（申込み順・敬称略）。

宮田雅史（社会保険労務士），前角和宏（神戸海星女子学院），前田彰（法政大学大学院），毛利崇（弁護士），岡田俊宏（司法修習生），鈴木俊晴（早稲田大学大学院），小林譲二（弁護士），深町幸治（熊本労働局），松井良和（中央大学大学院），高井重憲（弁護士），坂東利国（弁護士），谷口陽一（創価大学大学院）

また，正確な情報管理を目的に，会員情報変更届および退会通知用書式を導入したことが報告された。

6．その他
(1) 2008年冬に行なわれる予定の理事選挙について，以下のとおり選挙管理委員が選出されたことが報告された。
中窪裕也（一橋大学・理事），天野晋介（首都大学東京），皆川宏之（千葉大学），池田悠（東京大学），二片すず（中央大学大学院）
(2) 労働法学会ホームページのリニューアルについて
ホームページのリニューアルが報告された。また，会員用ページについては2009年春大会までに利用に供する見込みであることが報告された。

◆ 日本労働法学会第117回大会案内 ◆

1　日時：2009年5月17日（日）
2　会場：神戸大学
3　報　告
(1)　個別報告
〈第1会場〉
報告者：田中達也（岩手女子高校）「ニュージーランドにおける解雇法制の展開」
司会：川田琢之（筑波大学）
報告者：所浩代（北海道大学大学院）「アメリカにおける精神障害者の雇用保障」
司会：道幸哲也（北海道大学）
〈第2会場〉
報告者：桑村裕美子（東北大学）「国家規制と労使自治の相克——労働条件規制の『柔軟化』をめぐる比較法的考察」
司会：荒木尚志（東京大学）
報告者：丸山亜子（宮崎大学）「有利原則の可能性とその限界——ドイツ法を素材に」
司会：西谷敏（近畿大学）
〈第3会場〉
報告者：大木正俊（早稲田大学大学院）「同一労働同一賃金原則と私的自治——イタリア法の検討から」
司会：石田眞（早稲田大学）
(2)　ミニシンポジウム
〈第1会場〉
テーマ：「高年齢者雇用安定法をめぐる法的問題」
報告：山川和義（三重短期大学），山下昇（九州大学）
司会：根本到（大阪市立大学）
〈第2会場〉
テーマ：「不当労働行為の当事者（仮）」
報告：矢野昌浩（琉球大学），古川陽二（大東文化大学）
司会：盛誠吾（一橋大学）

〈第3会場〉
テーマ:「偽装請負・違法派遣と労働者供給」
報告者:萬井隆令(龍谷大学),濱口桂一郎(労働政策研究・研修機構)
司会:野川忍(東京学芸大学)

日本労働法学会規約

第1章　総　則

第1条　本会は日本労働法学会と称する。
第2条　本会の事務所は理事会の定める所に置く。（改正，昭和39・4・10第28回総会）

第2章　目的及び事業

第3条　本会は労働法の研究を目的とし，あわせて研究者相互の協力を促進し，内外の学会との連絡及び協力を図ることを目的とする。
第4条　本会は前条の目的を達成するため，左の事業を行なう。
  1．研究報告会の開催
  2．機関誌その他刊行物の発行
  3．内外の学会との連絡及び協力
  4．公開講演会の開催，その他本会の目的を達成するために必要な事業

第3章　会　員

第5条　労働法を研究する者は本会の会員となることができる。
　本会に名誉会員を置くことができる。名誉会員は理事会の推薦にもとづき総会で決定する。
　（改正，昭和47・10・9第44回総会）
第6条　会員になろうとする者は会員2名の紹介により理事会の承諾を得なければならない。
第7条　会員は総会の定めるところにより会費を納めなければならない。会費を滞納した者は理事会において退会したものとみなすことができる。
第8条　会員は機関誌及び刊行物の実費配布をうけることができる。（改正，昭和40・10・12第30回総会，昭和47・10・9第44回総会）

第4章　機　関

第9条　本会に左の役員を置く。
  1．選挙により選出された理事（選挙理事）20名及び理事会の推薦による理事（推薦理事）若干名

2．監事　2名
（改正，昭和30・5・3第10回総会，昭和34・10・12第19回総会，昭和47・10・9第44回総会）
第10条　選挙理事及び監事は左の方法により選任する。
1．理事及び監事の選挙を実施するために選挙管理委員会をおく。選挙管理委員会は理事会の指名する若干名の委員によって構成され，互選で委員長を選ぶ。
2．理事は任期残存の理事をのぞく本項第5号所定の資格を有する会員の中から10名を無記名5名連記の投票により選挙する。
3．監事は無記名2名連記の投票により選挙する。
4．第2号及び第3号の選挙は選挙管理委員会発行の所定の用紙により郵送の方法による。
5．選挙が実施される総会に対応する前年期までに入会し同期までの会費を既に納めている者は，第2号及び第3号の選挙につき選挙権及び被選挙権を有する。
6．選挙において同点者が生じた場合は抽せんによって当選者をきめる。
推薦理事は全理事の同意を得て理事会が推薦し総会の追認を受ける。
代表理事は理事会において互選し，その任期は1年半とする。
（改正，昭和30・5・3第10回総会，昭和34・10・12第19回総会，昭和44・10・7第38回総会，昭和47・10・9第44回総会，昭和51・10・14第52回総会）
第11条　理事の任期は3年とし，理事の半数は1年半ごとに改選する。但し再選を妨げない。
監事の任期は3年とし，再選は1回限りとする。
補欠の理事及び監事の任期は前任者の残任期間とする。
（改正，昭和30・5・3第10回総会，平成17・10・16第110回総会）
第12条　代表理事は本会を代表する。代表理事に故障がある場合にはその指名した他の理事が職務を代行する。
第13条　理事は理事会を組織し，会務を執行する。
第14条　監事は会計及び会務執行の状況を監査する。
第15条　理事会は委員を委嘱し会務の執行を補助させることができる。
第16条　代表理事は毎年少くとも1回会員の通常総会を招集しなければならない。
代表理事は必要があると認めるときは何時でも臨時総会を招集することができる。総会員の5分の1以上の者が会議の目的たる事項を示して請求した時は，代表理事は臨時総会を招集しなければならない。
第17条　総会の議事は出席会員の過半数をもって決する。総会に出席しない会員は書面により他の出席会員にその議決権を委任することができる。

第 5 章　規約の変更

第18条　本規約の変更は総会員の 5 分の 1 以上又は理事の過半数の提案により総会出席会員の 3 分の 2 以上の賛成を得なければならない。

学会事務局所在地

〒169-8050　東京都新宿区西早稲田 1 - 6 - 1 早稲田大学大学院法務研究科
　　　　　　島田陽一研究室
　　　　　　TEL：03-5286-1310
　　　　　　FAX：03-5286-1853
　　　　　　e-mail：rougaku@gmail.com

SUMMARY

Purpose and Structure of the Symposium

Makoto ISHIDA

This paper replicates my speech on the purposes of the symposium upon opening it. In my speech, I had three points to say. First, I examined the background of the theme, especially the transformation of enterprise system in a bid to overcome the economic stagnation of the 1990s and the challenges to traditional labor law. Second, I explained the connotations of terms of "enterprise system" and "business law" which we used in this symposium. Third, I mentioned the prospects of this symposium while introducing the guest commentator, Professor Tatsuo Uemura.

Ⅰ   Introduction

Ⅱ   Background : Challenges to Traditional Labor Law

Ⅲ   "Enterprise System" and "Business Law"

Ⅳ   Prospects of the Symposium

SUMMARY

Le droit du licenciement face aux transformations de l'organisation de l'entreprise et au nouveau régime juridique de l'entreprise : études sur les responsabilités légales de la société mère pour les risques de l'emploi des salariés de la société filiale

Yoichi MOTOHISA

I Introduction
  1 Le sujet de cet ouvrage
  2 Les états actuels de la jurisprudence concernant le sujet de cet ouvrage
  3 Les éléments de réflextion pour cet ouvrage

II Les règles de conduite de la société-employeur
  1 Le droit du licenciement à l'épreuve des transformations de l'organisation de l'entreprise
  2 L'evolution des critères jurisprudentiels de l'abus de droit de licenciement en cas de dissolution de la société-employeur
  3 Les implications théoriques des critères jurisprudentiels de licéité du licenciement en cas de dissolution de la société-employeur
  4 Les problématiques des règles de conduite de la société-employeur lors de sa dissolution

III Les règles de conduite de la société mère
  1 Les règles de conduite de la société mère pour aider le reclassement des salariés de la société filiale qui est dissoute par l'initiative de la société mère
  2 Les fondements juridiques des règles de conduite de la société mère

(1) Les éléments de réflextion pour la recherche des fondements juridiques des règles de conduite de la société mère
(2) La société mère comme sujet de droit qui est responsable de la perte d'emploi consécutive à la dissolution de la société filiale
(3) Les salariés de la société filiale comme parties prenantes de la société mère (holding)
   a. Les caractéristiques des salariés comme parties prenantes
   b. Les conflits d'intérêt de la société mère (holding) avec la société filiale (et ses salariés)
   c. Le régime juridique de la société holding et le droit du travail
   d. L'unité économique et sociale du groupe de sociétés comme fondement juridique de les responsabilités de la société mère (holding) pour les risques de l'emploi des salariés de la société filiale

Reorganization of Undertakings and Labour Law

Kenji ARITA

I Introduction

II Reorganization of Undertakings and Development of Legislation
  1 Reorganization of Undertakings
    (1) Integration of Businesses
    (2) Separation of Businesses
    (3) Joint Business
    (4) Reorganization of Undertakings in a Group of Companies
  2 Development of Legislation concerning Reorganization of Undertakings

SUMMARY

Ⅲ Some Labour Law Problems of Reorganization of Undertakings
  1 Merger
  2 Division of Company
  3 Transfer of Business

Ⅳ Argument for Legislation concerning Labour Law Rules in the event of Reorganization of Undertakings
  1 The Need to Legislate New Labour Law Rules and Their Theoretical Basis
  2 Some Basic Contents of Legislation of New Labour Law Rules to be Planned
    (1) The Form of New Labour Law Rules in the event of Reorganization of Undertakings and Definition of Transfer of Undertakings
    (2) The Automatic Succession of Contract of Labour in the event of Transfer of Undertakings and the Workers' Rights to Refusal
    (3) Prohibition of Dismissal by Reason of Transfer of Undertakings
    (4) Regulation of Changes of Terms and Conditions of Labour
    (5) Procedure for Provision of Information and Consultation
    (6) Special Rules in the event of Corporate Insolvency

Ⅴ Conclusion

Legal Protection of Labor in Japan on "Time of the Shareholder's Activism": Focusing on the Takeover by the Investment Funds

Rui KAWAI

Ⅰ Introduction

Ⅱ　Change of the Shareholder's Action, Corporate System and Legislation
  1　Shareholder's Kind and Action
  2　Change of the Corporate System in Japan
  3　Change of the Corporate Legislation in Japan
  4　Conclusion

Ⅲ　Shareholder's Action and Labor Law at the "Takeover"
  1　Definition
  2　Model Case of Trouble
    ・Buy-out Fund's Takeover
    ・Activist Fund's Takeover
  3　Conclusion

Ⅳ　Directivity of Protection about the Labors
  1　Foundation of Directivity
  2　Restriction to Shareholder Action
  3　Protection of Employee or Labor Union

Ⅴ　Conclusion

The Role and Issues of Workers Representative in Renewal of Insolvency Law

Masato ARAYA

Japanese insolvency law system was greatly reformed in Heisei era 1999-2005 and they make much of the role of workers representative. For instance, the new Bankruptcy Act 2004 provides that the court shall hear the opinion of workers representative in the case of transfer of debtor's business in the bankruptcy process (article 78iv).

SUMMARY

These new roles of workers representative did not exist so far in Japan and are very remarkable for the protection of workers' fundamental rights. However, there are many problems. For example the way of the representative election is still obscure and relationship between workers representative and company union is one of tough problems. It is necessary to make a worker representative law such as in Germany and define the position and roles of workers representative.

Veränderung des Unternehmens und Arbeitsrecht

Takashi YONEZU

"Eigentum", "Rechtspersönlichkeit" und "Vertrag" sind die drei Säulen der Rechtsordnung der modernen bürgerlichen Gesellschaft. Der Bürger als der Träger der Rechtspersönlichkeit schließt nach seiner freien Willen mit anderen Bürger einen Vertrag über den Austausch vom Vermögen. Das Arbeitsrecht als das soziale Recht, dessen Kernidee als "Gruppen Privatautonomie" bezeichnet werden kann, sind als ein Teil des "Built-in Stabilizer" dieser modernen bürgerlichen Gesellschaft entstanden. Die Evolution des industriellen Kapitalismus in das post-industrielle Kapitalismus hat grundlegende Veränderungen der "Unternehmensgesellschaft" und der Arbeitswelt zur Folge. Die unternehmerliche Tätigkeit wird heuzutage nicht durch ein Unternehmen als jede einzelne Rechtsperson durchgeführt, sondern in grossem Umfang durch das Netwerksystem der Unternehmensgruppe als eine organizatorische Einheit der mehreren Rechtspersonen. Der Verfasser untersucht, welche Bedeutung diese Veränderungen für die oben genannten drei Grundbegriffen haben kann. Als das Ergebnis stellt der Verfassesr fest, dass der Arbeitsvertrag an sich selbst ein Gegenstand der schutzwürdigen Rechtsinteressen angese-

SUMMARY

hen werden sollte und auf solchen Gedanke schon in der neueren Rechtsprechung, die mit der normativen und objektiven Bewertung der Parteiwillen die Entstehung des Arbeitsverhältnisses zwischen der Muttergesellschaft und dem Arbeitnehmer der Tochtergesellschaft oder zwischen dem Leiharbeitnehmer und dem Entleiher / Kundenunternehmen bejaht oder im Fall der Kündigung den Anspruch auf einen Schadenersatz für den entgangenen Lohn zuspricht, hingedeutet wird.

編 集 後 記

◇ 本号は、2008年10月13日に東洋大学で開催された116回大会におけるシンポジウム報告を中心とする。シンポジウムでは上村達男先生（早稲田大学）をお招きし、「企業システム・企業法制の変化と労働法」という統一テーマの下、商法・会社法学のお立場からコメントをいただくとともに、5名の会員が労働法学の立場から労働者代表の関与や解雇法制等について報告した（司会は石田眞会員・山田省三会員）。なかでも上村先生のコメントは明晰な語り口によるもので非常にわかりやすく、会場から寄せられた多数の質問にも丁寧かつ的確に回答されていたのが印象的であった。未曾有の経済危機が進行する中、企業再編の動きは今後ますます激化すると考えられるため、本テーマの重要性は極めて高い。また、これを機に、商法・会社法学者等とのコラボレーションの場がさらに増えれば、本テーマのような複雑な問題の解明が一層進むことになろう。

◇ 回顧と展望では、以前から存在していたが近年にわかに注目を集めるようになった、いわば「古くて新しい問題」（管理監督者等）を含む判例を中心に扱っている。こうした問題の性質および本質を法的に明らかにするのは、まさに当学会の責務であり、労働法軽視の風潮が強まっている昨今こそ、腰を据えて正面から取り組んでいく必要があると考える。

◇ 時間的余裕がなかったため、各執筆者の方々にはご無理をお願いすることになった。中窪査読委員長および査読者の方々にも短期間での査読にご協力をいただいた。さらに、山川編集委員長の素早いフォローとご助言のおかげで、慣れない作業をどうにか完了できた。法律文化社の秋山泰代表取締役と尾﨑和浩氏には、前号と同様、さまざまなご配慮をいただくとともにお手数をおかけした。この場を借りて、皆様に感謝の意を申し上げたい。　　　　（丸山亜子／記）

《学会誌編集委員会》
山川隆一（委員長）、根本到、本久洋一、丸山亜子、櫻庭涼子、名古道功、勝亦啓文、桑村裕美子、山下昇、古川陽二、竹内寿、長谷川聡、梶川敦子

企業システム・企業法制の変化と労働法

日本労働法学会誌113号

2009年5月10日　印　刷
2009年5月20日　発　行

編 集 者　日本労働法学会
発 行 者

印刷所　株式会社 共同印刷工業　〒615-0052 京都市右京区西院清水町156-1
　　　　　　　　　　　　　　　　電　話　(075)313-1010

発売元　株式会社 法律文化社　〒603-8053 京都市北区上賀茂岩ヶ垣内町71
　　　　　　　　　　　　　　　電　話　(075)791-7131
　　　　　　　　　　　　　　　Ｆ Ａ Ｘ　(075)721-8400

2009 © 日本労働法学会　Printed in Japan
装丁　白沢 正
ISBN978-4-589-03173-0